U0888494

心理健康自助丛书
XINLIJIANKANG ZIZHU CONGSHU

丁成标　主编

走入人群
从爱自己开始

魏卓　尚登飞　编著

WUHAN UNIVERSITY PRESS
武汉大学出版社

图书在版编目(CIP)数据

走入人群,从爱自己开始/魏卓,尚登飞编著.—武汉:武汉大学出版社,2014.5(2017.9 重印)

心理健康自助丛书/丁成标主编

ISBN 978-7-307-10671-0

Ⅰ.走… Ⅱ.①魏… ②尚… Ⅲ.人际关系学—社会心理学—通俗读物 Ⅳ.C912.1-49

中国版本图书馆 CIP 数据核字(2013)第 070153 号

责任编辑:郭倩 谢超凡 责任校对:王建 版式设计:马佳

出版发行:**武汉大学出版社** (430072 武昌 珞珈山)

(电子邮件:cbs22@whu.edu.cn 网址:www.wdp.com.cn)

印刷:武汉中远印务有限公司

开本:720×1000 1/16 印张:12.75 字数:187 千字 插页:2

版次:2014 年 5 月第 1 版 2017 年 9 月第 3 次印刷

ISBN 978-7-307-10671-0 定价:24.00 元

版权所有,不得翻印;凡购买我社的图书,如有缺页、倒页、脱页等质量问题,请与当地图书销售部门联系调换。

总　　序

心理健康是人人追求的目标，它与生理健康一样，是幸福生活的前提和基础，但不是每个人的心理都是健康的，这就需要我们学会自我调节或寻求帮助，以达到健康或趋于健康的心理状态。

时下，由于全球化、信息化带来的社会剧变和中西文明的冲突，造成了人们观念杂陈、思想混沌和心理困惑的社会现状，加之竞争和挑战并存的生存状态，使人们的压力越来越大。现代文明就像一把双刃剑，在带给人们享受的同时，也带来了伤害。人们的物质生活水平不断提高，安全感和幸福感却在不断下降，变得越来越敏感，越来越脆弱。晚睡强迫症、手机控、路怒症、拖延症、选择障碍、假期综合症等现象不断出现，这些耳熟能详、说法并不专业的心理“病”反映了人们对自身心理状态的关注或担忧。

其实每个人都有碰到压力的时候，只是程度不同而已，这时，抑郁、焦虑的情绪就在所难免。但它们并不可怕，仅仅是心理“感冒”，同身体感冒一样，过一段时间就会好。而如果长期心理“感冒”，那就要当心是否已经处于心理亚健康状态了。

处于心理亚健康状态的人并不在少数。有学者认为，在我国，去医院就诊的人中，至少有一半应该去看心理医生，但是，由于经济条件不允许、观念保守和从业人员不足等原因，很多人因为求助无门而承受着痛苦和煎熬，有的人甚至自杀轻生。正是为了弥补专业咨询队伍的不足，解决供求矛盾，帮助解除人们的精神痛苦和提高人们的心理健康水平，我们组织国内一批心理咨询专家，编写了这套具有本土化特色的“心理健康自助”丛书。

“心理健康自助”丛书是针对各种心理亚健康状态的读者写的，这些亚健康状态包括焦虑、抑郁、社交恐惧、强迫、疑病、睡眠障碍等。本丛书力求通俗易懂，具有很强的知识性、可读性和操作性，深入浅出，从理论到实践给人以指导，以使各类读者都能从中得到自我调适、自我疗治的知识和方法，从而提高心理保健能力和心理健康水平，提高生活和生命质量。

丛书由我国著名催眠与心理咨询专家、国家一级心理咨询师、中国心理卫生协会大学生心理咨询专业委员会常务委员、中国心理咨询突出贡献奖获得者武汉大学丁成标教授任主编。在全套丛书的编写过程中，得到了武汉大学出版社的大力支持，尤其是夏敏玲编辑做了大量的组织策划和编辑工作，提出了很多修改意见；各书作者将多年咨询工作实践经验融入书中，投入大量时间和精力完成书稿；艾波参与了大纲的讨论并做了许多的组织联络工作，在此一并表示感谢！

编　者

前　言

有社会学家曾经指出：人就是人际关系。意思就是说，实际上我们人的存在形式就是在人际关系中呈现的。我们从出生开始，甚至在形成胚胎时就处在一定的社会关系之中，父母血亲关系首先被确立，为自己接生的护士、身边的其他亲人等都被网络在自己这个关系网中。所以从某种程度来讲，人际关系就是我们作为一个人存在的全部。现实生活中，良好的人际关系可以给我们带来物质和精神财富，同时还是一个人保持身心健康和事业成功的先决条件。

人际关系如此重要，但在生活中，许多人经常有这样的困扰：为什么在人际交往过程中我经常出现紧张、焦虑不安、恐惧情绪状态；害怕和人打交道，即使交往也谨小慎微，胆战心惊；生活圈子非常小，没有多少朋友，似乎要从社会抽离……出现这些情况，就是因为我们的生活中出现了人际关系障碍。

当出现这种障碍的时候，人们往往简单地选择逃避，减少人际交往，以便减少痛苦的情绪状态。这种反应非常自然，我们困惑，因为我们不了解它，不熟悉它，当我们了解熟悉了社交过程中时常出现的紧张、焦虑、恐惧等情绪状态的来龙去脉的时候，当我们找到源头并去沉着应对的时候，这些自然不再成为困扰，而失去的那些朋友也会逐渐回到我们的身边。

本书从独特的视角为您分析人际关系障碍，为您的人际关系注入新的动力。它让我们清晰地认识到人际关系交往的关键不在于通过方法、技巧同他人建立和谐的关系，而是首先要与自己建立亲密和谐的关系，先和自己成为朋友。当我们和自己的关系和谐了，和他人的关系的障碍也就已经大部分扫除。当然，除此之外，知己知彼，百战不殆，我们对自我有了清晰的了解和认识后，要真正克服人际关系障碍还需要我们能够对他人的性格特征、文化背景有一个比较完整的了解，只有了解这些，才可以让我们做到心中有数，增加人际交往的自信心，从而有效地克服人际交往过程中的紧张与恐惧感。

目　录

第一章

你觉得你有人际关系障碍吗

第一节　给人际关系下个定义

美国教育家斯蒂尔斯研究发现，很多智力正常的孤儿，在进入孤儿院后不到半年就变得越来越孤僻、冷漠，整日呆坐，不愿活动，最终导致智力下降，大脑严重迟钝。他继而做了个实验：把24个孩子分成两组，其中一组按照孤儿院正常程序培养，另一组则带到收留大脑迟钝女孩的疗养院里，让每个女孩分带一个，女孩虽然大脑迟钝，但她们有感情，给予小弟弟真心的照顾和爱护。几年后发现，第一组的孩子，无一例外地住进了医院，第二组的则基本全部进入了正常的社会生活。

在这里我们不难发现，人际交往，人与人之间的亲密关系，情感交流对于人之为人是多么重要。人是一个关系存在物，社会就是人际关系的总和。然而人际关系是什么呢？不同的学科门类都有自己不同的解读，这里我们做个梳理，以便能够更加深刻地理解人际关系的内涵。

一、哲学家是如何理解人际关系的

中学时候读到过朱自清写的《匆匆》一文，其中有这么一句话令人印象颇深："我赤裸裸来到这世界，转眼间也将赤裸裸的回去罢？"这句话实际上是对人际关系的一种哲学解读。在哲学家眼里，人是孤独的个体，这个生机勃勃的世界也是个体，他们的世界往往缺乏活生生的人际生活。

在哲学家那里，思索和独处就是其主要的生活方式，他们对话、交往的对象大多时候都是"自我"或者"世界"。古罗马的一位哲人这样描述过哲学家的生活，"我一个人独处的时候，最不孤独"。的确，哲学家们从来都不孤独，他们那里的人际关系，就是一种来自精神世界的慰藉，他们也历来不缺乏精神层面的朋友和人际交往。或者说哲学家那里的人际关系，就是一种和自己交往，以及人与人之间精神层面相互依偎的状态。

有些哲学家自己也“实践”着这个观念，他们大多不善于和现实世界中的人交往，或者说不屑与人交往，甚至连文明时代人类最基本的人际关系形式——婚姻，都被他们抛弃了。西方哲学历史上的康德、叔本华、尼采、克尔凯戈尔等人都没有结婚，他们认为，精神就是全部。哲学家那里的人际关系，成了一种自我解读的过程，成了人与人之间的精神依托，现实生活意义上的人际关系更多的只是一种低级的生物学意义上的关联。

综上所述，在哲学家眼里，人际关系、人与人之间的交往是一件高尚的、有意义的事情，是人与人精神世界直接对撞的一种方式。

二、生物学理论里的人际关系

在生物学理论里，人与人之间的关系往往被还原成生物意义的关系。生物学家认为，生物之间的关系可以分为两大类型：一种是相互依赖的共生关系，这种关系要求相互合作，共同维护生存环境；另外一种就是相互竞争和对抗的关系。这两种关系都会最终被还原为生存本能的需要，也就是说，在生物学理论里，一切人际关系都要符合人的生物基本本能——生命存在的需要。

生物学理论表明，人与人交往根源都在于生存需要，虽然当今文明社会的人际交往、人际关系变得日益多元化，日益复杂，但万变不离其宗，归根结底都是一种生存意义上的关系，在生存的前提下，要么是相互依赖的共生关系，要么是竞争对抗关系。例如，前文提到的现代人类最为基本的人际关系形式——婚姻关系，其原始动力也是生命的种的延续，这是一种典型的共生关系。

从上面可以看出，与哲学家相反，在生物学理论中，人际关系失去了五光十色的光环，我们赋予了伟大意义的爱情、友谊都被还原成一种生存本质形式，人与人之间的关系被降到了和动物一个水平线上。

三、心理学意义上的人际关系

心理学作为一门独立的学科存在虽然是不久的事情，和古老的哲学、生物学相比算一个比较年轻的学科，心理学家们界定人际关系的时候，似乎从哲学家和生物学理论对人际关系的解读中得到了启发，把人际关系描述为：人与人在沟通和交往中建立起来的直接的心理联系。这种心理联系区别于哲学家所理解的精神层面的高尚的联系，而更多的是在中性意义上讲的心理联系；当然，它也不同于生物本能意义上的人与人之间的心理关联。

心理学意义上的人际关系主要有以下几个方面的特征：

(1) 人际关系不同于经济关系、道德关系、公共关系。人际关系就是一对一的关系，不是一对多，或者多对多的关系。例如，一个老师和一个班的同学之间的关系就不能以人际关系来描述，只能用师生关系这个社会意义名词来表述。当然，心理学意义上的人际关系和通常讲的社会关系、经济关系、道德关系等也有着内在联系，不能机械划分。例如，师生关系，实际就是对一个老师和所有单个学生之间人际关系的一个概括或者统称，描述的是师生之间具体的人际关系倾向或者总体趋势，而不是具体的关系。

(2) 人际关系就是一种心理距离，关系亲疏远近评价的尺度就是心理距离的远近。例如，A 和 B 之间关系非常好，是好朋友，可以用他们之间兴趣相近、价值观念相同、生活经历相仿等这些心理层面的东西来描述，而不能用他们都来自一个地方、他们是同姓、他们的月工资相同等这些具有社会意义的话语描述。社会层面上的东西不能代表人际关系亲疏，心理距离才是人际关系的真实写照。

从上面这些特征可以看出，心理学意义上的人际关系强调的是人与人之间的一种心理的关联。它突破了生物学意义上的含义，区别于动物式的生物意义关系。生物意义的联系是本能层面的关联，而心理学意义上的人际关系强调的是一种高于生物本能层面的心理关联。同时，这种心理关联又是切实的人与人之间现实的关联，不是漂浮在精神层面的一种联系。例如，我们在公园里看到了依偎在一起聊天的一男一女。这时，描述他们关系的时候，可以用生物意义表述，他们是男性和女性的关系，或者更进一步，说他们是夫妻或恋人关系；我们也可以用哲学家的人际关系来描述：他们是一种心灵与心灵相通、相互依偎的关系，他们彼此互为精神存在；在心理学意义上表述他们的关系，可以说这是一对热恋中的情侣。这里描述为一对热恋中的情侣关系，包含了心理学意义上人际关系的内涵，既包括心理层面，又具备现实意义；既超脱了生物学意义上的性别关系，又比哲学家那里表述的崇高的精神关系更为落地。

第二节　人际关系对于我们意味着什么

人需要不断地从外界获得新的信息，作为高度社会化的人，根本离不开与人的交往，人际关系对我们人类有着不可替代的价值和意义。

一、基础意义——生命存在

如果我们手头有一根绣花针，可以拿出来数数，这个东西到我们手里需要经历多少工序。单单绣花针的制作大约经历了几十道工序，大致是：钢丝拉直，冲压，然后再冲出针鼻孔，冲字，线槽，冲裁去掉多余的部分，磨尖（分几次），去毛刺，磨光，抛光，检验包装，等等。如果再加上开采铁矿石、炼钢，还有后续的批发销售等，几十道程序是要有的。看到这里，我们不免惊叹，一根小小绣花针的来历竟如此复杂！这实际就是我们当代人类社会生存现状的真实写照：高度社会化，把我们人类捆绑到了一起，我们个人的生存就是在社会中的生存。社会越是进步，分工就越细致，我们彼此依赖的程度就越高；我们的彼此依赖程度越高，人际关系对于个体生存的意义就越大。

在生物领域有许多喜欢独来独往的动物，大到豹子、老虎，小到蜘蛛、蚯蚓，还有许多单细胞生物，它们的共同特质就是能够忍受孤独，不屑群居和与同类交往，甚至有些都不需要和异性交配。动物离开群体能生存，人这个拥有智慧的高级动物难道不能独自生存？人类经过了亿万年的进化，早已经失去了“独行客”的能力，已经无法适应长期的孤独的生活了。

在茹毛饮血的时代，人们为了抵御敌人，共同捕猎，为了生存而建立了协同合作的人际关系。今天是一个高度社会化的时代，我们这种生存依赖关系逐渐加强，原来那种原始的独立生存能力也基本退化殆尽。社会越发展，科技越进步，我们越要依赖他人，人际关系对我们越是重要，人际关系对我们的生存意义越是重大。

二、心理意义——对孤独的补偿

我们看到在许多美国科幻大片中，科学家、心理学家可以通过某种手段控制人的意识，进入人的精神世界，让人按照设定的方式做事。但实际上，这只能停留在科幻世界里边。生物学、心理学和医学界的专家都曾经试图了解人的精神世界，他们希望找到进入人的心理世界（思想意识）的通道，但到目前为止，从科学研究角度看，他们努力的最终结果都是徒劳的。

实际上，我们人类大脑的意识过程非常复杂，我们除了能够通过解剖和表现行为分析出一些内部思维过程外，根本无法真正深入了解人的思想。人表达思维的方式是语言，思维是不能被他人直接了解的。从某种意义上讲，人在精神层面是一个相对封闭的个体，人的差异也正是精神（意识）的区分，或者通俗地讲，人就是以思想为标志的动物。在意识层面，彼此不能成为一个可以进入的共同体。人们可以了解到人的肉体结构，解剖人的生物体，甚至可以解剖人的大脑，并且了解到部分区域的活动类型，但永远无法解剖意识。精神的绝对独立性是一个完整意义上的人的本来面目。

独立，在另一层意义上讲就是孤独，孤独往往和寂寞，甚至和恐惧相关联。为了克服人类的孤独感，人就需要以语言、行为为媒介的人际交往，需要人际关系作为对孤独的补偿。否则，人就会像被丢进了黑夜中无垠的大海，感到的只有黑暗中的孤独。即使像鲁滨孙这样能够忍受孤独的人物，实际上也需要不断地在孤岛上模拟人际交往和人际关系，或者不断地以人的独特信念系统来模拟回到人类大家庭中的情形，否则他很难坚持下去。从这个意义上讲，现代社会的宠物增多现象可以在这里得到合理解释。宠物就是在忍受孤独的人的人际关系替代品。

即使以孤独寂寞号称的诗人，也需要通过语言和诗歌来表达情感，让他人知道自己的内心世界，他们也需要与世界联结，补偿自己孤独感，并且，他的灵感也来自于社会生活。

面朝大海，春暖花开

海 子

从明天起，做一个幸福的人
喂马，劈柴，周游世界
从明天起，关心粮食和蔬菜
我有一所房子，面朝大海，春暖花开
从明天起，和每一个亲人通信
告诉他们我的幸福
那幸福的闪电告诉我的
我将告诉每一个人
给每一条河每一座山取一个温暖的名字
陌生人，我也为你祝福
愿你有一个灿烂的前程
愿你有情人终成眷属
愿你在尘世获得幸福
我只愿面朝大海，春暖花开

三、最高意义——让生命充满爱

谈论这个话题之前，先看一个小故事：

有一对情侣，男孩非常懦弱，做什么事情之前都让女友先试，女友对此十分不满。一次，两人出海，返航时，飓风将小艇摧毁，幸亏他们抓住了一块木板。女友问男友：你怕吗？男友从怀中掏出一把水果刀说："怕，有鲨鱼来，我就用这个对付它。"不久，一艘货轮发现了他们，正当他们欣喜若狂时，一群鲨鱼出现了。女友大叫："我们一起用力游，会没事的！"男友却突然用力将女友推进海里，独自扒着木板游着，并喊道："这次我先试！"女孩惊呆了，绝望地看着男友的背影。可奇怪的是鲨鱼对女孩并不感兴趣，而径直游向男孩。男孩被鲨鱼撕咬着，他大声冲女孩喊着："我爱你！"女孩获救了。船长坐到女孩身边说："小姐，他是我见过的最勇敢的人。我们为他祈祷！""不，他是个胆小鬼。"女孩冷冷地说。"你怎么这样说呢，你男朋友把你推开后用刀割破了自己的手腕。鲨鱼对血腥味很敏感，如果他不这样做来争取时间，恐怕你永远不会出现在这艘船上！"

上面的小故事中原本懦弱的男孩用自己的生命保护他的女友，维护了他对女孩的爱，也阐述了一个道理：当人类社会发展到了一定阶段，人与人的关系被升华到了超越生存本身，也就是爱的关系。这也是人际关系的最高意义所在。

原始社会中，人的生存本能促使人与人协同合作，以便能够使人获得更多的生存保障，而随着人类的发展进步，这种原始的合作动力也在发生着微妙变化，除了生存过程中人需要合作协同，需要人际交往，在精神层面，面对独立的意识，人们也需要相互沟通交流，这种沟通交流是对人类意识独立性的一种弥补，使人与人之间、意识之间搭建起一座桥梁。同时，这也使人与人之间产生了精神层面相互依赖，这种相互依赖也成为人类的一个发展人际关系重要动因。这种精神层面的依赖就是一种爱与被爱的需要。

人际交往是维持人类生存的一种方式，人际关系是一种对人的孤独心理的补偿，同时它更是我们人类更高层次的爱的需要。也就是说，我们与人交往、交流已经不仅仅是为了生活生存，也不仅仅是为了能够有个伴，能够摆脱内心的孤独，而是为了满足一种我们人类特有的能量、力量的传递方式——爱。

第三节　爱的挡板——人际关系障碍

人际关系的最高意义是爱，人与人之间爱与被爱的需要是推动人际交往的动力，但人与人之间爱的流动不是一帆风顺的，而是处处受到了阻隔。当我们不能传递爱和信息的时候，表明我们的人际关系出现了障碍。在这个信息化时代，人与人之间的信息传递方式丰富多样，传递速度也日益加快，但人与人之间的阻隔却并未因此减少，人际心理障碍阻隔了我们的交流和亲密关系的建立。

一、人际关系障碍是怎么回事

在心理咨询室里，一位来访者，男，30岁，陈述道：

也许是命运的捉弄，自26岁大学毕业后直到现在我才有了一份稳定的工作。若干年的求职、失业以及情感上的失落使我变得沉默寡言，出现了人际沟通障碍，语言组织能力差，一说话就脸红心跳，性格也变得孤僻。每当和人交谈时，总会顾及话说得对不对。现在的我孤僻而自卑，工作和生活上的一点儿小事总会在脑海里挥之不去，反复回忆；思维方式僵化，跟不上别人的思维；集中不了注意力，做事经常出错，并且一点小差错都会使我有强烈的自责感；干什么事都瞻前顾后，心里总平静不下来；甚至出现一些异常举动，苦笑，肢体颤动，害怕被周围人发现。我是不是要疯了？

这个来访者的自述已经大体描绘出人际关系障碍的粗略线条。人际关系障碍包含了两层含义：一层是指因过度担心害怕而不愿意与人交往的心理状态；另一层是指人际交往行为障碍，即在人际交往过程中出现的脸红、心跳加快、语言结巴等一系列不适反应，从而导致与人的交往出现阻碍。

前一层意义的人际关系障碍指的是人际交往退缩，是一种不愿意进行人际交往的心理状态，以至自己长期处于封闭孤独状态，进而影响社会生活的正常进行，让自己陷入痛苦之中；后一层含义，指的是人际交往过程中出现的系列不适，从而影响人际交往的进行，导致人际交往失败，让自己陷入无尽的痛苦和不安。简单地讲，前一层含义指的是“不愿”进行人际交往的心理状态；而第二层含义是指交往过程中出现了障碍，“不能”交往的状态，当然这里的“不能”交往是交往障碍者本人认为的。

实际上人际关系障碍往往是两层意义上的结合体，不愿交往与不能交往是同时出现的，或者说它们之间相互影响。交往过程中出现了脸红、过度紧张等不良情绪反应后，加重了对人际交往的恐惧与担心，从而以进一步减少交往次数来回避这些情绪反应的出现；而人际关系的建立、人际交往是一个逐渐适应的实践过程，越回避交往，不敢与人交往，就越无法在交往中锻炼自己的交往技巧与能力，在交往中就越可能出现系列的不适反应。

当我们位于一个陌生环境，见到陌生人或异性时，或多或少都会出现紧张焦虑情绪，因为这是对自己的一种自我保护。不过，对于大多数人来讲，都能够通过微笑、整理衣襟、上厕所等方式缓解这种不安。

在一般情况下，我们对陌生人及异性有偶然回避或者有意无意躲避的行为，或者在遇到陌生人及异性时，出现一定程度的紧张、心慌、脸红，都是我们人类的一种正常反应，并不算是人际关系障碍。但如果我们长期躲避与陌生人或者异性交往，或在与他们交往的过程中，出现过度的紧张、焦虑不安情绪，例如严重的心悸、心慌、战栗、出汗、头晕、晕倒等，已经严重影响我们交往的进行或者交往活动根本无法进行，并无法自行调适加以缓解，那么这就是一种不正常的反应。

另外，如果与身边的比较熟识的人交往也感觉焦躁不安，这也是一种不正常现象。

上面这两种情况我们可以认为是人际关系障碍，但不能笼统地称之为社交恐惧症，或者称为心理疾病。按照心理医学的界定，社交恐惧症除了应该符合上面谈到的人际关系障碍症状外，还应该符合以下几个条件：

（1）社交回避、恐惧症状出现时间较长，至少一个月以上。

（2）出现恐惧症状，即感受到人际交往中的恐惧，非常痛苦，而且这种痛苦不能自己摆脱，需要依靠别人的帮助或者改变处境才能摆脱。某些科学家为了科研事业，长期回避社交，我们不能因此说他们有社交恐惧，因为他们并不因此而感到痛苦。

（3）社会功能受损。指对人际交往的恐惧和拒绝已经影响到了日常生活，例如工作、学习效率下降，甚至根本无法正常的工作、学习。

当然，这几个条件，只是判断社交恐惧症的一个参考依据，要想准确判断是否为心理疾病，必须在专业的心理医生那里进行诊断。这里之所以列出这几个标准，只是提示大家，如果我们出现了系列社交障碍，符合以上几种情况或者部分符合，建议大家除了进行积极的自我调适外，还需要求助于心理咨询和治疗。

从上面的讨论中可以看到，关于人际关系障碍是不是病的问题，我们有几个准则可以把握。

一般情况下的人际关系障碍不是病，而是一种正常的心理反应，可以通过自我调适，或者随着我们社会阅历的增加、人际交往次数的增加自然缓解。

如果我们出现了长期回避交往，以及遇见陌生人或异性时出现过度的焦虑不安，影响到了我们正常交往的进行，就应该加以调适。

如果出现长时间的社交恐惧、回避症状，并感觉非常痛苦，影响到了正常生活，就应该警惕是不是心理疾病，是不是社交恐惧症。如果符合心理疾病判断标准，除了进行积极的自我调适外，我们还应该及时寻求专业的帮助。

二、看看人际关系有哪些障碍

（一）人际交往过程障碍

前文提到过，人际关系有着生存层面的意义，人类需要团结起来才能使自己更好的生存，才能在激烈的自然生存竞争中立于不败之地。实际上这个生存意义还有另一个层面的含义，即人们在生存中也有着一种对陌生的、未知的人的恐惧，在和他人交往的过程中存在着一种强烈的警惕和自我保护，这源于人的原始本能，这种本能直接演变成了我们理解的人际交往过程障碍。

人际交往过程障碍，表现为我们在人际交往过程中出现一系列不适反应，导致我们人际交往受阻。尤其面对陌生人或者异性，或者在公共场合、在与重要人物交往的时候，会不由自主地出现心跳加快、出汗、精神紧张、语无伦次、头晕等反应，这些反应最终致使我们人际交往受阻。人际障碍往往只出现在人际交往过程初期，有的可能会延续到整个过程。一旦交往深入，安全感得到保障，或者过程终止，这些情绪反应随即消失。

人际交往过程障碍有多种表现，例如异性交往恐惧、对人恐惧、赤面恐惧、面试恐惧等，这里列举一些常见的社交障碍，进行简单介绍，以便大家能够有一个初步认识。

1. 异性交往恐惧

【案例】

小丽，大学二年级，生长在农村，相貌平平，但成绩一直较好，带着家人的希望考入了大学。上大学之前，主要心思专注于学习，也受到学校整体气氛比较守旧压抑的影响，平常一直很少和男生交往谈话。进入大学后，看到同学之间、男女生之间经常有说有笑，讨论问题，从开始的不适应渐渐转为羡慕，并开始尝试和男生接触。但第一次跟男生接触的时候，她心跳加速，说话结结巴巴，连走路都极不自然，最终尴尬收场。自此，就不再和男生交往了，可是又老觉得男生在注意她，书也看不进去，导致成绩下降。

小丽在初次和男生交往中，出现的紧张、说话结巴就是典型的异性恐惧。所谓的异性恐惧，指男性或女性一方面在潜意识里有与异性接近的强烈愿望，另一方面又有着严重的焦虑情绪，因此在异性面前感到异常的紧张和恐惧。这是一种人际交往过程障碍。实际上，在我们的生活中或多或少都可能会面临这种状况，尤其对于涉世未深的青少年，更是普遍。对此，我们既不能认为是洪水猛兽，也不能等闲视之，像小丽这种状况，就应该加以重视，用合适的方法予以调适，甚至需要寻求专业帮助。

2. 对人恐惧

【案例】

王芳是位大一的学生，自幼生活在单亲家庭中，由母亲带大，性格内向，敏感多疑。最近她非常苦恼，她现在很害怕与陌生人对视，甚至连路上行人的目光都觉得非常可怕，于是，来到了学校心理咨询室。

在心理咨询师的引导下，她讲述了自己身边最近发生的事情。她们班里帅气能干的班长一直是她心仪的男生。有一天班里上公共课时，班长正好坐在她后面一排，她当时十分兴奋，认为班长有意坐在了她身后，她还想了很多与班长在一起的幸福场景，甚至出现了性幻想。上课前班长和另外一位同学一直窃窃私语，她隐约听到了一句“……太黑了”的话。因为自己皮肤比较黑，那位班长的话让她心里特别难受，便下意识地回头看了一眼，正好与班长的目光相对，她立马就把头扭了回来。可班长那含着讥讽的目光（她认为的），一直没有从她脑海里消失，一堂课下来让她倍感煎熬，课间休息就回到寝室大哭了一场。恍恍惚惚地过了几天，她虽然尽力调整自己，但发现自己开始非常害怕与人目光相碰，认为自己的目光会让别人看出内心的“龌龊”想法，尤其在公众场合，更是不敢抬头看别人。

王芳表现出的不敢与人对视的症状是一种对人恐惧表现。对人恐惧主要表现为：看到人后（尤其是异性）表情很不自然，往往自我感觉脸红、焦躁不安，并且认为对方已经发现自己这种不安和焦虑，因此变得惧怕别人的目光，害怕与别人对视。

对人恐惧往往出现在青少年时期。有对人恐惧症状表现的人，往往性格内向、胆小、敏感，极其重视别人对自己的评价。对人恐惧产生的原因往往与童年时期的经历有关，尤其是与性活动经历有关，例如童年时期曾经模仿成人做过性游戏等。上面案例中的王芳本来对班长“想入非非”，但由于班长的那句未必是说她的话，感到极为失落，并且，回头偷看的时候，又正好与班长目光相碰，认为班长的目光中有讥讽的成分，因此，特别失落痛苦，最终导致了对人恐惧的症状出现。

3. 赤面恐惧

赤面，通俗地讲就是脸红，人际交往中出现脸红，是一种正常的反应，自古也有“人面桃花相映红”的美好诗句，女人的羞涩脸红被认为是一种美。但并不是所有的脸红都是美，也并非都是人际交往中的正常反应。

【案例】

23岁的王伟一直待业在家，不是因为没有能力，也不是不愿意工作，而是他一直被见人就脸红的毛病困扰，最后干脆不出门，避免和人打交道。刚大学毕业的时候，王伟从事过一段时间客服工作，但没有几个月他发现自己根本就不能适应这份与人打交道的工作，因为他与客户沟通交谈时经常被自己的脸红影响，甚至中断。他时常出现本来好好的，突然心里“咯噔”一下，心跳加快，一股热血直往脸上冲，让别人莫名其妙，自己也非常难堪的现象。几次销售谈判都因为脸红而失败，王伟最终不得不辞去工作，并且一直没有勇气再找工作。

王伟从小内向，不爱说话，见到陌生人特别是异性，容易紧张，爱脸红，家里来人了总是躲开，生活中也比较害羞和自卑。读书的时候，与陌生的同学或者女同学打交道时，也出现过这种突然脸红现象，但由于没有影响到学业，也一直认为是一个正常现象，他想可能随着自己的阅历增加，自然不会见人就脸红了。

王伟的脸红显然不是一种正常的交往反应，更不是一种“美”，而是一种赤面恐惧症状。赤面恐惧顾名思义就是在他人面前（尤其是在陌生人或者异性面前）出现脸红的现象，并且这种现象影响了当事人的生活，让其痛苦不堪。王伟就因为在陌生人面前突然脸红而不得不放弃了原有的工作，使他陷入痛苦之中。

其实，每个人在与自己不熟悉或比较重要的人交往时，都会出现不同程度的紧张或激动感，这种紧张焦虑会反射性地引起人的交感神经兴奋，肾上腺素等分泌增加，从而使人的心跳加快，毛细血管扩张，即表现为脸红。这本来是人际交往中的一种正常反应，并且随着我们阅历增加会渐渐消失。如果经常像王伟那样在没有准备的情况下突然出现这种情况，从而使正常社交活动受到干扰或者中断，并且由于这种脸红现象而陷入了对社会交往的过度焦虑甚至回避，这就是一种赤面恐惧现象。

出现这种现象往往是由于我们缺乏自信，过度在意他人评价，过分注意自己在别人面前的表现，以致对脸红特别在意。由于长时间的过度在意自己脸红现象发生，就在大脑的相应区域形成了兴奋点，只要我们进入与人交往的环境，就会出现脸红和恐惧，导致我们人际交往障碍。

4. 面试恐惧

【案例】

名牌大学商贸英语专业毕业的马丽，由于专业扎实，综合能力突出，毕业后经过学校推荐直接进入某知名外资企业工作，但由于受整体经济环境因素影响，公司进行了大规模裁员，不幸的是马丽所在的整个部门都被裁掉了。

重新面临就业问题的马丽，非常自信地投出了多份简历。很快，就接到了一家大型外贸公司的面试通知。面试那天，不知怎么回事，马丽突然感觉到特别紧张不安，但想到自己扎实的外语基础，稍稍平静了一下，可是轮到她面试时却还是感到浑身肌肉僵硬，口舌发干。

面试官让她用英语进行自我介绍，她平时嘴边的单词也说不出来了，结结巴巴地介绍了几句，接下来几个简单的问题她也表现得语无伦次，最终狼狈地结束了面试。面试结果可想而知。

马丽为此非常懊悔苦恼，认为自己不应该是这个样子，名牌大学的高材生，怎么就不行呢？由于她硬件条件优秀，马上又接到了一家外语培训机构的面试通知，通知她第二天下午2点面试，她当时下定决心一定要证明自己能行。可是鬼使神差的却让她记错了面试时间，当她到达面试公司的时候已经3点半了。

接下来几个月时间，马丽一直挣扎在面试漩涡中。

马丽在面试时候产生的紧张不安情绪是典型的面试恐惧反应。面试恐惧，就是在面试情形下，产生的一种过度紧张、焦虑、恐惧的情绪反应，就像其他人际交往障碍一样，也经常伴有出汗、口干、语塞等反应。面试恐惧，经常会出现在那些初出茅庐的毕业生身上，由于他们的社会人际交往经验不足，再加上现在就业压力过大，而他们的自我期待过高，这就非常容易造成面试恐惧。

人际交往过程中的障碍还有非常多种类，甚至五花八门，我们无法一一列举，这里只能将一些常见的在人际交往过程中容易出现人际关系障碍的情形列举出来，供大家参考：

需要和他人打交道的情境：

- 和某权威人士谈话
- 挑起或维持一段对话
- 参加派对
- 邀请朋友到家共进晚餐
- 认识新人
- 打电话
- 表达个人意见
- 参加工作面试
- 直言（例如当自己不愿做某事时说“不”）
- 商店退货
- 在餐馆退食物
- 做眼神交流

……

当你成为大家关注的焦点或是有可能被其他人注意到时的情境：

- 演讲
- 在大会上发言

- 当众做运动或瑜伽健身
- 在众人面前进行比赛
- 工作时有人看着你
- 举行婚礼
- 在台上表演
- 在别人面前大声朗读
- 在别人面前吃东西或喝东西
- 和其他人共用公共卫生间
- 写字时有人看着你（比如在公共场合填表）
- 在公共场合犯错（比如跌倒、掉钥匙等）
- 在熙熙攘攘的街道或其他公共场合行走或慢跑
- 在一群人面前做自我介绍
- 在人很多的商店里购物

……

对于人际关系障碍者而言，上面这些情境往往像一个个梦魇。心理专家对在这些情境下出现的人际障碍也都有着专业的称呼、术语。例如，我们前面提到的脸红、面试恐惧等。再如在公共卫生间里，遇到旁边有人时，就会立刻感到紧张不安，甚至导致无法小便，这种情形我们称之为小便恐惧。等等。

（二）社交回避

在上面面试恐惧的案例中，值得注意的是，马丽的面试迟到实际上也是一种面试恐惧的表现，这与人的心理反应机制有关，当我们拒绝或者恐惧某件事情的时候不可避免地会退缩，这种社交过程中出现的退缩，就是一种社交回避。

下面一个案例，也说明了这个问题。

【案例】

25岁的胡明，母亲是公务员，父亲是一家公司的高管，家庭条件比较优越。2年前胡明毕业于一所名牌大学，在学校的学习成绩也比较好，拿过几次奖学金。

毕业时，父母为他找好了几份工作都被他拒绝了。他信心满满，准备自己找工作，在职场大干一番。他的求职期望值非常高，但他所学专业的人才竞争非常激烈，投出去的简历大多石沉大海，参加过几次面试，但之后都再无回音。这些失败严重打击了胡明，于是他再也不愿去找工作，在网上开店，自己做生意，但由于缺乏经验，很快就败下阵来。接下来两年时间他一直待在家中与电脑为伴，几乎足不出户。

胡明长时间“宅”在家里，很少接触除了父母以外的其他人，原本内向、敏感的性格也变得更加敏感多疑，在家动不动就发脾气。原来偶然在父母陪同下上街买点东西，现在他连街都不想逛了，不想与任何外人接触。

胡明的状态如果用现代流行一点的正面词形容就是“宅男”，如果用一个专业点的心理学词汇形容就是“社交回避”。当今社会像胡明这种生活方式生活的年轻人是一个很大的群体，他们被社会称为“宅男”、“宅女”。虽然不是每个“宅”在家中的人都会有像胡明这样的社交回避，也不能说这种“宅”的现象就是一种心理障碍，但我们至少应该警惕这种生活方式，它为社交回避这一心理障碍埋下了一粒危险的种子。

社交回避是一种典型的人际交往障碍，它并不是独立出现的一种心理障碍，而往往伴随着异性交往恐惧、赤面恐惧等其他人际交往过程障碍出现。例如，前面提到的马丽、胡明出现社交回避的直接原因就是由于求职受挫引发的社交回避。这些人在社交过程中出现的恐惧让他们体味到了社交过程的痛苦，人的趋乐避苦本性就促使人们来回避这种痛苦体验，因此，在体验了社交过程痛苦后，往往会选择回避社交来避免痛苦。

【案例】

小徐一直性格比较内向，敏感，羞怯，与人交谈时经常出现因为过度紧张而结巴、大脑一片空白的现象，为此她非常苦恼，经常有意无意地躲避社交场合。进大学后，面对全新的学习生活环境，她想一切重新开始，改变自己从小到大养成的这种内向羞怯习惯。

第一学期，她鼓起勇气报名参加了班里的班干部竞选。竞选班干部需要进行竞选演说。刚上讲台她就嗓子干燥，说话困难，结结巴巴、草草讲了几句话便狼狈下台，当即引起了同学们的哄堂大笑。她尴尬得恨不得钻进地缝。自那以后，她就彻底将自己封闭起来，一个人独来独往，怕见到认识的老师和同学，一旦路上碰见熟人，往往老远就躲着走另外一条路，即使躲不开也会低头假装没看见。在寝室里边也几乎不与同学说话，甚至讨厌待在寝室，只是晚上回去睡个觉。

我们可以明显看出，小徐曾经试图去改变自己内向羞怯的习惯，但因为社交失败的痛苦经历，导致了彻底陷入社交回避泥潭。从小徐的社交回避症状可以发现，社交回避包括实际的回避行为和内心的回避意向。小徐那次演讲失败前也有过社交回避，但那个社交回避更多地表现为回避行为，因为她还希望改变这种行为，内心有克服社交障碍的愿望，但经历了演讲失败后，她陷入了行为与意愿彻底回避社交的漩涡，陷入了痛苦的社交苦恼之中。

三、测测你的人际关系障碍程度

人际关系障碍是一个看似不痛不痒，但实际上对我们的工作生活影响非常大的心理障碍，因此，我们需要有一个清晰的认知。下面提供一种简单的心理测验工具，以便我们对自己的人际关系状况有一个大致的了解。

社交障碍状况测验

【指导语】

下列 10 个项目描述了在面试前的感受，请你阅读每一个句子，然后根据实际情况回答，在相应的答案表格处打钩。尽可能快速作答，但切勿遗漏。

项　目	从不或很少如此	有时如此	经常如此	总是如此
我怕在重要人物面前讲话	1	2	3	4
在人面前脸红我很难受	1	2	3	4
聚会及一些社交活动让我害怕	1	2	3	4
我常回避和我不认识的人进行交谈	1	2	3	4
让别人议论是我不愿的事情	1	2	3	4
我回避任何以我为中心的事情	1	2	3	4
我害怕当众讲话	1	2	3	4
我不能在别人注目下做事	1	2	3	4
看见陌生人我就不由自主的发抖，心慌	1	2	3	4
我梦见和别人交谈时出丑的窘样	1	2	3	4

【评分方式】

每个项目有 4 个答案可以选择，它们分别代表：从不或很少如此；有时如此；经常如此；总是如此。根据你的情况在上表中勾出相应的答案，此数字也是你每题所得的分数。各个项目的分数相加，然后得出总分。

【评分结果分析】

测验总分范围为 10~40 分，社交障碍程度与总分成正比：

1~10 分，说明你的社交状况良好，基本没有社交恐惧；

11~24 分，你已经有了轻度症状，照此发展下去可能会向不好的方向发展；

25~35 分，你的社交恐惧状况超出了正常范围，你需要警惕社交恐惧，如有可能的话，可以寻求专业人员的帮助，以便尽早克服社交恐惧；

36~40 分，你的社交障碍程度已经比较严重，如果持续时间较长，你可能患上了社交恐惧症，需要借助专业人员的帮助来摆脱困境。

这里需要说明的是，心理测试仅是一个参考，不能够作为是否有人际关系障碍的最终依据。真正全面了解人际关系障碍状况，还需要根据相关的障碍症状和自己的表现进行综合评估。

第二章

是什么阻碍了我们

一只鸽子老是不断地搬家。它觉得，每次新窝住了没多久，就有一种浓烈的怪味，让它喘不上气来，不得已只好一直搬家。它觉得很困扰，就去找一只经验丰富的老鸽子诉苦。老鸽子说："搬家根本没有用，因为那种让你困扰的怪味并不是从窝里面发出来的，而是你自己身上的味道。"

我们往往都会犯鸽子的错误，喜欢从外部找原因，从而忽略了自身。在谈论到自己的人际关系障碍的时候，许多人会抱怨，别人怎么不理解自己，社会对自己怎么不公平，自己如何怀才不遇，等等，但实际上这些都是外在原因。人际关系障碍的形成，主要因素不是他人，也不是社会，而是我们自己，自我完美主义人格和面子观念是产生人际关系障碍的根本原因，内心的恐惧则是一个直接原因。

第一节 完美主义人格

完美、圆满是人类永恒的梦想，但那终究是梦想，现实社会往往是不完美的，也正因为现实的不完美才会让我们去奋斗，努力改变现状，努力追求完美。这似乎是一种和谐的安排，但对于人格方面来讲，却没有那么和谐，完美主义人格在追求完美中迷失了自我，把自己带入了一种极端的不和谐，将自己的人际关系带入了死胡同。

一、完美与不完美的纠结

【案例】

2009年，小梅和小亮经过几年的恋爱结婚了。所有人都认为他们是一对特别般配的夫妻，可谓郎才女貌。小亮是毕业于知名大学的研究生，小梅也是一所重点高校的高材生，他们现在都有着令人羡慕的工作，两个人月收入加起来有一万多块。虽然都不是在这座大都市出生的，但经过几年打拼，他们贷款买了房子，结了婚。令所有人感到不解的是，结婚刚刚几个月，两个人就办理了离婚手续。按理说，经过几年的恋爱，双方应该比较了解，这样的婚姻不应该如此弱不禁风。

当人们了解到离婚真正原因时，无不感到惋惜。小亮是一个完美主义者，他一直希望寻找一个完美的女性，精挑细选物色到了小梅。为了保证能够有一个完美的婚姻，他们在结婚前也从来没有同居。新婚夜，小亮发现小梅已经不是处女，顿感小梅一切形象瞬间崩塌，甚至认为自己的生活陷入了绝望，为此，他坚决提出了离婚。经过小梅的很多解释，也经过了亲友的劝导，两人磕磕绊绊地过了几个月，但最终还是结束了这场“完美”的婚姻。

完美主义者小亮把本来美满的婚姻推向了灭亡，可以说也给他今后的婚姻生活蒙上一层阴影。人本来就是不完美的动物，而夫妻又是由不完美的人组成的结合体，要求完美的婚姻注定不会走向完美。从小亮身上，我们可以发现完美主义者的共同特征：自我设定的高标准；以成败论英雄；过度的自我批评。对妻子精挑细选，几年恋爱，婚前没有同居，这些都映射了他在婚姻方面的高标准；小亮选择了离婚正表明了他对婚姻结果的看重，他忽略了和小梅几年的感情基础，毅然绝情地结束了这场婚姻。

当然，完美主义并非一无是处，也有着积极的一面。一般来说，完美主义者的工作学习往往都比较突出，他们一旦做某件事，就要力求完美，否则就绝不罢休，小亮的工作学习成就也印证了这一点。工作、学习方面的出色并不能够掩盖人际关系的缺点，社会心理学家的一项最新研究表明，做事追求完美的个性可能对工作和学习有利，但在人际关系中却常常会像小亮那样引发矛盾和障碍。

完美主义个性特征在人际关系中表现出两种不同的指向，形成了两类不同的完美主义者。

一种是向内指向自我的完美主义。这种指向的完美主义者表现为对自己高标准，严要求，这种自我设定的高标准往往和恐惧失败相联系。高标准其实就是对失败的恐惧，由于这种对失败的恐惧不安，导致完美主义者通常在做事和人际交往中谨小慎微，并且十分在意他人的评价，他们担心自己做得不够好，担心别人认为自己不完美，他们认为一旦自己不够完美，别人就会对自己冷眼相看。由于能力有限，不可能做到完美，所以会导致人际交往的过度紧张焦虑，产生不良反应，甚至干脆选择退缩、回避。实际上，对于那些完美主义者来讲，退缩、回避、拖延甚至重复往往是保持自己完美的一个最常用方法。

另外一种是向外指向他人的完美主义。这种指向的完美主义者表现为要求他人尽善尽美，如果他人不够完美，就会引起他的指责、讥讽甚至反感，这样他的人际关系就会亮起红灯。值得一提的是，这种指向的完美主义者，更喜欢指责家人、朋友、同事这些关系比较密切的人，这也正是小亮如此在乎他妻子的完美的原因。

当然，这两种完美主义往往是不可分的，指向自我的完美主义者往往也会是一个要求他人也尽善尽美的人，同样，要求他人完美的人一般也是一个自我要求严苛的人。所以，完美主义者通常是一个对人对己都比较严苛的人。对自己的高标准、严要求，可能会让他在工作和学习方面取得成功，但在人际关系方面可能会面临由于担心自己的不完美而产生的人际交往恐惧，以致产生人际交往退缩。对他人要求过于苛刻，可能直接导致人际关系冲突。

我们总结这些完美主义者的人际交往恐惧和人际关系冲突会发现，其实关键点就在于完美主义者总是纠结在完美和不完美之间，他们总是试图在本来就不完美的事物中寻找完美。这个愿望是美好的，但结果是痛苦的。

二、完美主义与自卑的纠结

许多朋友可能会有疑问，完美主义和自卑是两种截然相反的心理状态，怎么能够产生冲突呢？从词义上讲这两个词的确是相反的，但在人际关系领域，这两个词却息息相关，并且在人际关系障碍者那里往往处在一种二者纠结冲突的状态之中。

这一点，其实前文也提到过，完美主义者之所以追求高标准，追求完美，就是因为他们对失败的恐惧，而这种恐惧实际源于不自信，或者说自卑。自卑，是一种对自己无力感的臣服心理状态，是一种轻视自我的心态。在人际交往过程中，它造成的直接结果就是退缩，因为退缩是一种保持弱小无力的自我不受伤害的最好方式，幼儿的害羞退缩也是这种表现。

完美主义者在人际关系中往往要求自己表现得尽善尽美，他们不允许自己在他人面前表露不足或缺点，因为缺点和不足就代表不完美。这种性格特质看似一种强烈的自尊，但实际上完美正主义性格背后往往隐藏着一种自卑。因为完美正是对不完美状态的恐惧和担心，这种恐惧和担心又源于自己的无力感。例如，对于一个有几十年汽车驾驶经验的老司机来讲，通常情况下他们不会恐惧开车，因为他们有足够的能力来驾驭汽车；而对于一个新手，一个总是试图进行完美驾驶的人来讲，除了紧张不安、恐惧，他还能够做什么呢？

其实，无论我们能力有多大，当我们试图做一件完美的事情时，就注定了一种不完美，就注定了自卑。真正的完美是一种有缺憾的、需要不断完善进步的完美，而不是不允许有不足的完美。正像我们看到的著名的维纳斯女神雕塑一样，需要用没有胳膊来诠释一种完美，而不是完美主义。从另外一个角度讲，完美主义者就是一个高标准者，这个完美的标准对于凡休肉胎的人来讲可望而不可即。当一个人面对自己不能够达到的目标时，自然会产生无力感，这种无力感达到了一定程度就转换成了自卑。

世界上只存在完善，不存在完美，完美只是一个过程，不是结果，一旦我们把完美作为结果，就成了完美主义。在人际交往过程中也是如此，对人对己的完美要求，只能体现于过程中，而不能追求其结果，否则完美下的自卑将让我们陷入人际障碍的泥潭。

【案例】

17岁的小孙正在读高中二年级。3岁时父亲因病去世，4岁时母亲失踪，跟随爷爷、奶奶生活，由于家里经济较困难，学费一直由家境富裕的姑姑承担。小孙比较聪明，反应快，记忆力强，从小听话，但性格内向，不爱说话。自读书以来他就下定决心要让别人看得起自己，让自己成为最棒的人，因此成绩一直很好，老师也比较喜欢他。

进入高中后，他更是发奋学习，早出晚归，为自己制订了严格的作息时间表。他一直希望用学习成绩来改变自己因从小父母离去而造成的缺失。高二时一次期中考试，他由于照顾生病的奶奶没有充足的时间备考，成绩落到了班里的中游。为此他备受打击，自责了很久，从此更加努力学习，几乎不与其他人交往。由于本来就内向的个性，再加上这次考试打击，他把自己封闭了起来，很少与同学交往，不愿意参加集体活动，并且老是觉得别人在笑话自己成绩差，甚至怀疑老师也经常讽刺他。最终造成了他与别人接触，特别是与女生接触的时候，经常出现心跳加快、手心冒汗等症状。为此，他忧心忡忡，上课注意力不集中，成绩也下降了不少，很苦恼。

我们不难发现，小孙对完美结果的渴望，他要成为最棒的人。其实他已经非常努力了，这个奋斗过程也算“完美”，但由于小孙对完美结果的偏执追求，让他陷入了自卑之中。另外，从小生活在农村的小孙，缺失父母关爱和经济依赖，令他产生了自卑心理，这种由生活带来的自卑，他试图通过完美的表现来掩盖。他学习一直都比较好，也一直不允许自己在学习上比别人落后，想在学习上弥补自己在同龄人面前的自卑。这种自卑和完美主义两种个性因素的纠结，造就了他的人际障碍。从这个案例可以看到，当我们在用完美表现来掩盖内在自卑的时候，一旦发现自己不可能做到完美时，就很容易陷入彻底的自卑与恐惧之中。

第二节 面子观念

面子，是中国人独有的概念，从心理学角度分析它类似于人格，但又不同。具体它是一个什么东西，它的概念如何定义，那是社会学家和心理学家的事情。在这里，我们只从虚弱、羞怯、自卑的角度来分析，为什么说它是我们人际关系的一个重要的障碍。

一、面子——“虚荣的东西”

国学大师林语堂在《中国人》一文中这样说过面子：“脸面这个东西无法翻译，无法为之下定义。它像荣誉，又不像荣誉……它比命运和恩惠还有力量，比宪法更受人尊敬……中国人正是靠这种虚荣的东西活着。”的确，在中国，面子问题是一个大问题，不一定说中国人靠面子活着，但至少我们的人际关系受到了面子的左右，人际关系障碍也和面子密切关联。

正像林语堂先生讲的那样，面子实际就是一个“虚荣的东西”。“虚荣”又是一个什么东西呢？从字面直接解释，它是指虚的、表面上的荣耀。这种荣耀实际上并不存在，我们可以说是假的荣耀。按照心理学讲，虚荣心是一种被扭曲了的自我认同，过分的虚荣是一种人格缺陷，是人们为了取得荣誉或引起普遍关注而表现出来的异常反应。虚荣实际上就是一个虚的东西，或者不存在的东西，这个虚的东西往往左右着虚荣者的决策和行为，正因为这是一个虚的东西，所以最终会破裂，让我们最终在人际关系上陷入阻隔。

【案例】

马琳和占文是通过相亲认识的一对情侣，两个人情投意合，双方父母也非常满意，准备年底结婚。不过事情的发展急转直下，一天，占文突然向马琳提出了分手，双方亲友都非常不解，但马琳知道为什么。马琳在前一天坦诚地告诉了占文，她的前男友是占文好朋友的表弟。占文听后感到十分没有面子，第二天便提出了分手。在占文眼里，自己和好朋友表弟的前女友谈恋爱是一件非常没有面子的事情，会被朋友嘲笑在“烫剩饭”、“穿破鞋”，在朋友圈里抬不起头。

这个案例似乎与上一节中的离婚案例有着相似之处，只不过这里占文不是因为完美主义才选择结束恋情，而是因为面子。占文之所以感觉没有面子，实际上就是虚荣心在作怪，他想让自己在朋友面前感到有“面子”。但他的这个面子是一个虚的东西，肥皂泡一样的东西，是根本不存在的东西。因为他所担心的“被嘲笑”只是他自己在想象，并没有真正被嘲笑，即使有人会“嘲笑”，那种嘲笑并不能影响他的婚姻生活，对于他们的生活而言也是一种虚的东西。对于婚姻生活而言，真正实在的只有感情基础牢不牢靠，经济来源稳不稳定等因素，并不是他人说这个婚姻如何如何。

在人际关系中，爱面子、讲虚荣主要表现为一种“你有我也要有”的心态，这种心态貌似一种追求上进的心理，实际上却是一种彻底的虚而不实的攀比心。因为爱“面子”的人，往往缺乏“里子”，也就是缺乏实力。面子、虚荣心态背后并没有坚实的实力作为后盾，只是一种“虚”的无能力的表现。这种“虚”实际上就是一种“空虚”，无依托，像风中的树叶一样，没有根基。空虚无依背后就是巨大的恐惧不安，所以，面子、虚荣心态的背后实际就是恐惧不安。虚荣者一旦在攀比中发现“你有”而“我没有”，或者“你有”了，“我不能得到”，就会产生一种恐惧不安。在这种恐惧不安状态下，有时可能会驱使虚荣者去努力追求，迎头赶上，而更多时候往往会表现出嫉妒、酸葡萄心理，去讽刺挖苦甚至打击对方，或者表现出人际关系交往中的退缩，“我不能够和你比较，我躲起来最安全，这是能够让我保存面子的有效方式”。

前面马琳和占文的恋爱案例中，占文的“面子”背后是一种对于恋爱和婚姻的恐惧不安，他不能忍受对方和熟人谈过恋爱，就是因为担心他人说他“烫剩饭”、“穿破鞋”，这种心理是非常典型的“心虚”表现。中国有句俗话：身正不怕影子斜。自己与深爱的人在一起，怎么会在意他人如何评价呢？当我们看到像梁山伯与祝英台那样冲破世俗观念、最终成就一段爱情佳话的时候，就会发现爱情中的面子问题，实际是“是不是有真爱”的问题。一个“心虚”者，对对方缺乏足够的信任和包容，面子自然重要了。显然，占文和马琳的恋情没有经受住考验，或者说“心虚”的占文根本就不相信自己能够拥有“真爱”，他最终以结束恋爱的方式来回避可能丢掉的面子，也表明了他对恋爱的“恐惧不安”。

面子、虚荣背后的无力感造成的恐惧不安，不仅仅在好面子的占文这里表现了出来，在现实社会中比比皆是。比如，凡是婚丧嫁娶，一定要大操大办，说是人生大事就要风风光光、体体面面；越是贫困县的政府往往越是喜欢搞“面子工程”。中国古代有这么一个故事，说一个人家里很穷，但又怕别人笑他穷，就在家门口挂上一块肥肉，每次出门时在嘴上擦一下，让人家以为他顿顿吃肉。

当然，有人可能会反驳上面这种看法，在中国许多富人也喜欢炫耀，那些富人可谓有实力吧，他们往往也喜欢讲排场，爱面子。的确，许多富人或者所谓有实力的人也喜欢面子、好虚荣，他们的面子、虚荣的背后也肯定有着“心虚”的方面。我们仔细观察喜欢炫耀、爱面子的富人会发现，他们之所以喜欢炫耀，往往是在试图弥补缺乏的或者掩盖自己“心虚”的东西。

二、面子后面的自卑

面子，是一个虚荣的东西，爱面子的人往往是因为缺乏能力而

“心虚”的人。这里边的“虚”，如果从更深层次挖掘，那就是缺乏自信，是自卑，而且这里边的自卑，实际上也像上一节中和完美主义纠结在一起的自卑一样，是隐藏在背后的自卑，是一种戴着华丽面具的自卑。这种戴着面具的自卑往往不被我们所觉察，但它却是阻碍我们人际关系的主要原因。

自卑是什么？就是一种消极的自我信念，一种对自我的否定。自卑往往与自尊和自信相对立，认为自己无能，从自我能力和价值方面否定自己，自卑的人通常喜欢自责，自我怀疑，低估自己的价值，放大自己的缺点和错误。

自卑的人在人际交往过程中往往有非常敏感的自我意识，他们对他人的评价和批评十分敏感，往往表现出引起他人注意、取悦他人的强烈愿望。在人际关系处理中通常有三种自卑者类型：

第一种自卑是表现出强烈的希望得到他人尊重、认可的愿望，通过获得他人的认可方式来掩盖或者平复自己的自卑感。这种自卑者有着强烈的希望被他人尊重的愿望，这种愿望的实现往往是通过自己的努力，获得一定成就，然后在人前加以炫耀。这种尊重其实就是一个面子，并不是真正意义上获得尊重，真正的尊重是因为自己的价值得到他人认可，从而得到了他人的敬重。例如，一个有着出身自卑感的农村贫寒学子，经过多年奋斗，最终走入大都市，往往会十分注重自己的衣着打扮，希望自己能够打扮得更加“洋气”，以显示自己不是出身农村，是都市之中的一员；暴发户往往也是在这种自卑感的驱使下进行炫富。除此之外，有些自卑者经常会采取打压、贬低他人的方式来抬高自己，以获得尊重，这种人的自卑还夹杂着嫉妒心理在里边，这是在明确对手面前的自卑。例如历史上著名的军事家孙膑与庞涓，庞涓因为在孙膑面前自卑，所以想方设法打击孙膑，来获得自己的地位，掩盖自卑。

第二种自卑是在处理人际关系时表现出奴才相，在对权威或强大力量的恭维和屈卑中得到认可，以获得安全感。这种自卑者在处理人际关系时，采用“狐假虎威”方式，以获得安全感，这种人的面子来源于权威，在权威面前把原有的不足和无能加以遮掩，让面子得以保存。例如，中国古代的太监以“奴才”自称，他们是被阉割的男性，有着内在自卑感，他们的自卑感只有依附皇权才能够得到一种平衡，所以他们也总是利用谄媚和奉承来依附权贵，这样他们才有面子，才能够保存自己作为男人的“颜面”。

第三种自卑是在处理人际关系时表现出恐惧退缩。前文讨论人际关系障碍类型时提到的社交回避就是一种典型的人际关系退缩，这种人之所以回避社交，之所以要把自己隐藏起来，深层原因就是自卑感，他们认为只有这种方式才能够保护脆弱的自我不受伤害，才不会让自己没有面子。上一章提到的“宅男”案例也正是证明了这一点，他们“宅”在家里，就是因为自己经受不住打击，对自己的能力没有自信。

综合看一下这三种自卑，我们发现，他们共同的特点其实就是要保存自己的面子，一个人越是自卑，越是需要面子来遮掩自己的自卑，自卑者总会想方设法把自己的自卑感藏在面子背后，让面子来保护自卑感下弱小的自我。

当然，可能有朋友会质疑：那些受尽屈辱的乞丐难道还有面子吗？难道他们不自卑吗？他们是既自卑又没有面子可言了。这个质疑看似非常合理，但这里需要说明的是自卑感往往和羞耻感、自暴自弃相关联，但不能够等同视之。一个四肢健全、有劳动能力的乞丐采用这种践踏自己人格尊严的方式生活，除了自卑感以外，他们还失去了基本的羞耻感，并且处在一种失去了健全人格的自暴自弃状态，所以乞丐的状态不能简单地归因于自卑，他们那里已根本不是面子的问题，而是尊严问题。

谈到这里，需要进一步说明一下，我们谈的面子，不是羞耻感和尊严，克服爱面子心理也并不是让我们无羞耻感，或者无尊严，因为这三者并不是一个层面的问题。面子是与虚荣、自卑心理相关联的，羞耻感、尊严则是与自我人格相连的。我们可以抛开由虚荣心和自卑感构成的面子，但不能失去羞耻感和尊严。就人际关系而言，羞耻感、尊严更多的是人际关系的调节剂，而面子则往往扮演着阻碍人际关系的角色。

第三节　内心的不安与恐惧

心理学家在定义各种心理障碍类型的时候，一般都离不开“恐惧”一词，人际关系障碍也不例外，例如赤面恐惧、异性恐惧等。其实这是非常有道理的，因为人际关系障碍的原因除了完美主义人格因素和面子问题外，还有一个重要的因素，那就是对未知的恐惧。

一、我们为什么恐惧人际交往

对于人类而言，害怕、恐惧就是生命的一部分，也是一种生存本能，这种本能可以让我们远离危险，保全性命。如果我们缺乏恐惧感，根本就无法生存下来。例如，当我们在森林里见到一只老虎的时候，会产生恐惧，这种恐惧感会马上发出逃离的信号，让我们及时脱离可能被老虎吃掉的危险处境；如果缺乏恐惧，我们在森林里见到了老虎，可能会“大胆”上前摸摸它，结果只能是命丧黄泉。所以，我们恐惧的目的就是最终获得安全。

对于人际交往而言，担心、恐惧同样存在，在人际交往中我们也同样需要安全感。我们每个人在面对陌生的人际关系时或多或少都会紧张不安，这也是一种有效的自我保护，只不过这种恐惧的对象变成了未知的人，而不是老虎之类的猛兽。

对人的恐惧，实际上源自我们原始社会人类之间的杀戮和攻击，这种攻击为基因所遗传，造成了一种原始的人际恐惧，这种原始的恐惧成了造成文明社会中的人际关系障碍的遗传因素。这种因素实际上就是心理学家荣格所讲的一种集体无意识，也就是一种世世代代的活动方式和经验库存在人脑中的遗传痕迹。例如，我们可能没有见过蛇，甚至没有听说过蛇，而一旦看见蛇就会产生恐惧。在心理障碍方面，幽闭恐惧症、黑暗恐惧症都源于这种集体无意识。当然，除了这种原始的人际恐惧外，还有我们在现实社会的经验，一直在强化人与人之间的攻击。我们现实的文明社会实际上也不文明，我们身边充斥着战争、斗殴、欺诈、犯罪等威胁人身安全的现象，这都让我们产生了人际恐惧。

如果从内在个性特质进行深究恐惧根源的话，它源于我们内在的完美主义个性特质。完美主义者认为：我只有完美无缺，人们才会爱我，我才能够获得大家的认可，才不会受到排斥，最终才能够获得安全感。但只要是人都会存在缺点，并且无法回避自己的缺点，这样就会导致我们处于内心的冲突与不安之中，总是在担心他人看到自己的缺点，因此在与人交往的过程中就会感到紧张不安、恐惧，甚至会出现人际交往退缩，掩盖自己的缺点与不足，似乎这样才能够最安全。

【案例】

10岁的晓辉被妈妈带到了心理咨询室。进入咨询室后他一言不发，只是不停地摆弄桌上的一支笔。妈妈讲述道：本来晓辉是一个非常乖巧听话的孩子，但进入小学四年级之后，突然变得少言寡语，不愿意和任何人交流，上学经常独来独往，被同学们称之为“独行侠”，回到家里也几乎不主动和父母讲话，并且性格也变得越来越孤僻、冷漠，甚至经常以虐待小动物为乐。为此，父母非常着急。

经过心理咨询师了解，晓辉的妈妈是一个公司的白领，平时工作非常忙，比较少管孩子；爸爸是一个转业军人，现在一个事业单位工作，平时比较清闲，所以晓辉的教育工作主要就由父亲承担。爸爸对他平时要求比较严格，经常因为小的错误就斥责他，有时甚至动手打他。晓辉非常怕爸爸，经常小心翼翼地做事，生怕做错。

小学四年级第一学期，因为不小心，晓辉把作业本弄湿了，结果被父亲斥责了一顿。从那天开始，晓辉晚上就经常做噩梦，说胡话，白天不愿和任何人交流。

这里晓辉出现了社交回避，他失去了天真的童心，而变得冷漠孤僻。出现这种人际关系障碍的直接原因显然是由于父母的不当教育，特别是爸爸“不打不成才”的错误粗暴教育方式直接导致了他对人际交往的恐惧。因为，在他幼小的心灵里人际关系之间充满了爸爸打骂的经验，造成了他的不安全感，而他似乎又无力反抗，最终只有通过回避社交来回避人际交往的恐惧。同时，晓辉也在要求严厉的父亲那里养成了一种完美主义的性格，这也是他选择逃避社交的一个重要因素。

二、想象的威胁

来自祖先的集体无意识的恐惧感和人际交往的恐惧经验造成了我们的人际交往中的恐惧不安，但这种恐惧并不是我们所恐惧的东西，那么我们究竟恐惧什么呢？或者说我们究竟担心什么呢？

对于人际关系障碍而言，我们之所以恐惧交往对象，恐惧交往场所，并不是那些人真的威胁到了我们的安全，而是我们想象他们威胁到我们的安全，这种威胁往往是一种面向未来的可能发生的威胁，并且我们会把这种威胁想象得非常逼真，非常肯定，然后就产生了巨大的恐惧，这种恐惧会直接导致我们在人际交往中出现紧张焦虑或者退缩。

【案例】

萍萍，30岁，面容清秀，看起来非常有气质，大学毕业后进入一家国企工作，其表现得到了领导的肯定，很快就被提拔，已是办公室副主任。但令她与家人困扰的是，她一直不敢单独和男生接触，单独接触男生就会出现语塞、脸红、盗汗等症状。所以她根本不敢谈恋爱，几次恋爱尝试都以失败而告终。工作上也尽量回避与男同事接触，偶有共事，也会尽量回避与对方单独相处。

经过心理咨询师询问得知，她童年曾经有过这么一次经历，8 岁时她得了一种皮肤病，不得不剃了个光头，她只能一直戴着帽子。一天上自习课，一个调皮的男生突然把她的帽子摘了下来，惹得全班哄堂大笑，她当时羞愧难当，哭着就跑回了家。虽然后来那个男生受到批评，并向她道了歉，可是从那以后，她心理就蒙上了一层恐惧、愤怒的阴影，一直认为男生总是在取笑她。

显然这是一种异性恐惧，萍萍对男生有着一种恐惧心理，所以一直回避与男生交往，她的恐惧来源于童年经历。小男生的这种奚落是对她尊严的威胁，但时过境迁，这种奚落早已不存在，年逾三十的她为什么还会恐惧与男生交往呢？很明显，在萍萍那里，那次男生的奚落，威胁到她的尊严，导致了她内心的创伤，这个创伤就如一条永远的伤疤，印在了她的内心。

用弗洛伊德精神分析的理论来讲就是童年的创伤已经深入到了她的潜意识之中，尽管她可能不经过仔细回忆，已经忘记了那件事情，但这种童年的创伤致使她一直有着一种想象的威胁存在，这种想象的威胁直接导致了她会产生一种“男生都在取笑她”的错误观念，这种观念已经深深地植根于她的信念系统，时刻支配着她的思想和行为。

其实并不只像萍萍这样的人际关系障碍者有想象的威胁存在，我们的生活中也经常受到想象威胁的影响，甚至某种程度上，想象威胁占据了我们生活的相当大的一部分，这也是我们产生恐惧的根源。例如，我们独自走夜路的时候，往往会想象出背后有人跟随，从而产生一种被威胁感，进而产生恐惧，如果我们从小经常听鬼怪故事，则可能想象出鬼来，进而产生对鬼的恐惧。

想象的威胁虽然是导致我们人际关系障碍的直接原因，但对于我们的生活未必都是坏事，它往往让我们未雨绸缪，防患于未然。例如，我们经常会想象在公交车上自己被盗的场景，这样就会提高防盗意识，保障自己的财产不受损失。但这里需要提醒的是，过犹不及，这种想象的威胁，如果总是支配我们的生活，则可能导致我们经常惴惴不安，陷入经常性的怀疑之中，甚至可能会导致疑病症或者强迫症的发生。

对产生人际关系障碍的原因进行一个总结，会发现，无论是完美主义人格还是面子问题，或是内心的不安，都会提到自卑、恐惧两个词语，这些原因最终都可以归结到自卑和恐惧两个方面。对于人际关系障碍而言，这两个方面又都源于自我，自卑是一种自我不能够认可自己的问题，恐惧实际也是一种自我恐惧，是自我对“想象的威胁”的恐惧。所以，我们的所有人际关系障碍实际都是自己为自己设置的障碍，而想要克服人际关系障碍，想要与他人成为朋友，我们就必须从自我观念入手，认识自己，接纳自己，在人际关系交往中历练自己，先与自己成为朋友，从而才能够一步步地清除自己设置的人际关系障碍。

第三章

克服人际关系障碍的前提——认识你自己

“认识你自己”，这是一句既熟悉又陌生的话，说熟悉是因为我们经常会听到或看到这个话题，古希腊的圣城德尔斐神庙中就有这么一个神谕：人啊，认识你自己！说陌生，因为它似乎离我们很远，我们并没有真正地认识自己。当然，可能有许多朋友会感到困惑：难道我自己还不了解自己吗？的确，也许世界上最了解自己的就是我们本人，但如果让你说了解自己多少，恐怕就有些困惑了。实际上我们对自己的了解，往往只处于一个现实层面的混沌状态，也就是一种若隐若现、模模糊糊的状态，缺乏明确清晰的了解。对自我缺乏真正清晰的了解，也造成了我们工作生活中的一些困扰，这是我们的身心问题的根源，也是我们人际关系障碍的根源。

如何才能够认识自我呢？现在最流行的了解自我的方法就是星座和血型，我们经常会听到“我是天蝎座，性格……”“我是A型血，我经常……”但实际上，心理学家研究表明，星座、血型没有多少科学依据。认识自我，不是简单地通过出生日期与血型来进行，而是通过自我分析来完成。进行自我分析可以从自我觉察和他人评价等多个方面着手。

第一节 觉察自我形象

一个人要真正地了解自己，必须首先对自己有一个清晰认知，这是一个了解自己的感觉和看法的过程。

一、自我形象认知

“我叫×××，现年24岁，汉族，大学文化，平时我喜欢看书和上网浏览信息，性格活泼开朗，能关心身边的人和事，和亲人朋友相处融洽，能理解和原谅他人，我对生活充满信心。

我以前在法院实习过，所以有一定的实践经验。在外地求学的4年，培养了我坚强的性格，这种性格使我克服了学习和生活中的一些困难，积极进取……”

这是某考生在面试的时候进行的一段自我介绍，这里包含了自我形象认知。

对每个人而言，我们的头脑中实际上都有一幅自画像。我们可能没有意识到它的存在，或者偶尔地、支离破碎地看到过一幅模糊不清的自画像，不管我们是否意识到了它的存在，是否看到过它，我们都在这幅自画像的魔棒下生活着。这幅自画像就是自我形象。

自我形象就是我们自己对“我是什么样的人”的一个界定，通俗地说，就是我们自己在头脑中是如何看待自己的。自我形象往往决定了我们的行为方式，是我们应该成为一个什么样的人的指针，因为自我形象往往会转换成自我观念。人的自我观念一旦形成，就将制约我们的行为，所以，自我形象就是我们内在的一个魔棒，指挥着我们该如何去做。

正面、积极的自我形象可以让我们迈向成功，负面、消极的自我形象则是我们前进的绊脚石。比如，如果“我”曾经在和别人讲话的时候吞吞吐吐、结结巴巴，“我”往往会把自我形象定为是“不善言辞”的人。“不善言辞”的自我形象，就是一种负面的自我形象，这种自我形象一旦形成，就可能让“我”在许多需要流利表达的场所退缩，因为“我”已经认为自己“不善言辞”了，这样一来，再好的语言表达天赋也可能在这种负面的自我形象中毁灭。

【案例】

张雨佳，女，22岁，正值青春年少的她，虽然不算十分漂亮，但也清纯可爱。可奇怪的是她每天只穿刻板的中性服装，从来不穿裙子，颜色也是单调的黑白灰，把自己打扮得像一个30多岁的少妇一样，并且，她一直对自己的容貌感到非常自卑，总认为自己没有别人好看。偶尔有同学说她漂亮，她会觉得别人是在讽刺她。现在面临大学毕业，看到许多同学都成双成对而自己还没有一个男生愿意接近，她心里十分难受。

张雨佳生长在一个单亲家庭，妈妈是个非常要强的人，并且对她要求特别严厉。她从小就被妈妈以这种短发、中性服装打扮，现在已经习以为常。张雨佳的妈妈从小就教导她：女孩子整天臭美没好事，容易招蜂引蝶，容易学坏，也容易被男人骗。妈妈唠叨最多的话就是：就你那身材还穿紧身裤，让人笑死了；就你那苦瓜脸，还天天擦香抹粉，太难看了……你这种长得不漂亮的女孩如果再不努力学习，长点出息，以后就根本没有人要了。

张雨佳的苦恼实际上来自她错误的自我形象定位。童年没有得到母亲正确的引导鼓励，形成了她错误的自我形象，对自己本来不错的容貌产生了严重的自卑感。这种错误的负面自我形象，直接导致了她在现实生活中展示“不漂亮”的外在形象，也造成了她的人际交往的苦恼。在工作生活中我们必须树立真实的、正确的自我形象，只有这样才能够充分地向他人展现真实的自我。

只有真实的自我形象还不够，我们还需要理想的自我形象，这是我们的一个自我形象目标。拥有了这个自我形象目标，我们就能够更充分地发挥我们的潜能，最终走向成功。成功人士往往都有一个正面的、积极的自我形象目标，他们之所以能够成功，就是达到了自我形象目标，使“理想中的自己”与“现实中的自己”相吻合。例如，一个人想成为一个企业家，他首先要做的是确立一个企业家的自我形象目标，然后按照这个形象来要求自己，以充分激发自己的潜能，为最终实现企业家的梦想打下坚实的基础。这种方式类似我们经常在励志书籍中看到的“梦想板”形式，只不过这里边画的是一种自我形象罢了。

在现实生活中，理想中的自我形象与现实中的自我形象比较吻合的人，往往都非常自信，事业上也比较成功。而像张雨佳那样充斥着负面自我形象的人，缺乏面向未来的理想的自我形象，他们经常被禁锢在自己过去的刻板自我形象中，从而使自己缺乏自我认同，也缺乏创新、突破自我的勇气。

二、自我形象测试

接下来我们就通过一个小测验看看你在自己眼里是一个怎么样的自我形象，看看你现实中的自我形象与期待中的自我形象的差距。

自我形象测试

【指导语】

本测验有50个形容词，请从头到尾读两遍。读第一遍时，如果碰到的形容词切合自己的个性或形象，就在“我正是”那栏的方格里画“×”；读第二遍时，碰到自己将来想具备的形象特质形容词，就在“我想要成为”那栏画“○”。这样，有些形容词在两栏中都会被画上记号，有些则一个记号也没有。不过千万记得，打“×”和打“○”要分开来做。

	我正是	我想要成为		我正是	我想要成为
野心勃勃的			受挫的		
好辩的			慷慨的		
独断的			诚实的		
吸引人的			引人注目的		
好战的			冲动的		
粗鲁的			独立的		
谨慎的			懒惰的		
迷人的			乐观的		
聪明的			能言善辩的		
肯竞争的			有耐性的		
肯合作的			实际的		
有创造力的			有原则的		
好奇的			轻松的		
愤世嫉俗的			机智的		
大胆的			以自我为中心的		
果断的			有自信的		
坚毅的			敏感的		
迂回的			精明能干的		
细心的			顽固的		
卖力的			易猜忌的		
有效率的			胆小的		

续表

	我正是	我想要成为		我正是	我想要成为
精力充沛的			强硬的		
有趣的			可信的		
好嫉妒的			温和的		
宽大的			顺从的		

【评分】

在你的答案里，如果一个形容词只有一个记号（不论“×”或“○”），就可以得到1分；如果有两个记号（一个“○”和一个“×”），不计分；如果没有任何记号，也不计分。把各题得分相加就是总分。

【分数解释】

0~5分：得分很低者。

你对自己有很高的正面评价，你的表现和态度如同你自己希望的那样。你的正面自我形象可以转化为信心，进而影响到其他人。你的高度正面自我形象会让你愿意承担风险、发掘机会，因为你有信心，并对自己的能力感到满意。得分落在此组的人，成功的机会和个人成就感都很高。

6~11分：得分低者。

你对你的自我形象感到相当满意。你比一般人对自己感到满意，即使“现实中的自己”和“理想中的自己”仍有一些矛盾。你可以试着从第二栏中挑一两个你所希望具备的人格特质形容词，努力去做，你会发觉颇有趣和有收获。

12~21分：得分中等者。

大多数人的得分都落在此组。如果你的得分落在此组，你最该做的就是把“现实中的自己”和“理想中的自己”的矛盾尽可能地减少，这需要决心和努力，但也只有如此才能增加信心和做事的自由，进而迈向成功。

22~33分：得分高者。

经常看轻自己，看到人就摇头。得分落在此组的人通常年纪较大。如果你的得分落在此组，说明你对自己给他人的形象并不满意，对自己追求成功的能力没有信心。如果想达到你的目标，你必须投入时间和精力，努力于人格发展。

34分以上：得分很高者。

毫无疑问，你对自己感到失望，只要有什么你做不好或你不具备的正面特质，就会让你不满意自己，你常会有受挫和失望的情绪。要改变你的人格并不容易，因为你会感觉“太遥远了”。不过，最好谨记一点，人格成长和成功都是一辈子的事情，不是一夜之间的成就，如果你不知从何开始，不妨找专家帮忙。

测试完后，请对号入座。但这个小测验并不能代表我们的人生成败，也不能代替我们的自我真实描述与评价，要想对自我形象有个系统全面的了解，还必须通过系统自我形象觉察来完成。

三、自我形象觉察方法

所谓自我形象觉察，简要地说就是自己认为自己在社会关系中是一个怎样的外在形象，主要包括外表形象、体质状况、性别形象、性格特征等。这里的自我形象觉察既包括自我描述也包括自我评价。

1. 外表形象

武侠小说中常会出现这样的人物描述：只见此人身高六尺左右，细细腰身，宽宽的肩膀，扇子面的身材，面如冠玉，两道苍眉斜插入鬓，一对阔目皂白分明，通观鼻梁，四字方海口，通红嘴唇，满口洁白牙齿，花白胡须，头戴杏黄缎鸭尾巾……这些就是生动的外表形象描述。当然，这是艺术化的身材衣着描述。我们在具体自我外表形象描述时可以使用这些词语：身材好、微胖、苗条、帅气、个头矮、魁梧、健壮、长头发、大眼睛、适合穿裙子、皮肤白皙……这些只是部分参考，显然还不够，我们可以尝试从发型、发色、额头、眉、睫毛、眼睛、耳朵、鼻、口（唇）、牙齿、脸部轮廓、颜色、皮肤、音调、声音、表情、笑容、说话时的神态、衣着打扮、走路姿态等多角度给自己一个详细描述。

显然，当我们在使用身材好、帅气、魁梧等褒义词进行描述的时候，我们已经添加了自我评价，这是自我形象觉察的重要组成部分，因为我们给自我形象进行评价后才真正赋予了它以意义与价值。

这里边我们还可以尝试一下对自己进行一个总体评价，这个评价我们可能会感觉不以为然，但如果你能够坚持认真地写下，将可能会有意外感受。下面就动笔吧！

你对自己的外貌感到满意吗？（可以用文字描述，也可以使用数字来进行评分。）

____

____

____

____

哪些方面满意？

____

____

____

____

哪些方面不满意？

____

____

____

____

2. 体质状况

身体是心理健康的基础，更是自我存在的基础，所以身体状况在自我形象中占有重要地位。我们可以用一些描述体质、健康状况方面的词语对自我形象进行自我描述，例如：易疲劳，易过敏，胃肠不好，没有因病请过假，体弱多病，有头疼的老毛病，容易肩酸背痛，容易发胖……除了这些描述体质状况的词汇外，我们还可以增加一部分运动能力描述，来为自己的体质做一个侧面的描述，例如：有运动能力，篮球打得好，会游泳，跑得快，耐力强，等等。

进行完自我体质描述评价后，你可以给你的体质状况一个总体评价：

你满意自己的体质状况吗？（可以用文字描述，也可以使用数字来进行评分。）

____

____

____

____

3. 性格特征

关于自我性格特征，我们在下面会专门进行详细讨论，所以在此就不赘述，可以参考后面自我性格特征的描述部分。

这里我们可以先对自己的性格特征有个总体自我评价：

你对自己的性格满意吗？（可以用文字描述，也可以使用数字来进行评分。）

____

____

____

____

你讨厌自己哪些方面的性格特征？

____

你欣赏自己哪些方面的性格特征？

四、给自己一个自画像

进行自画像，这是在上面自我形象觉察的基础上进一步的延伸和综合，是自我形象觉察的关键一步，是自我形象觉察的行动篇。

请用25~50个字来描绘一下自己，不要只是想，或者默念，一定要行动起来，把这些东西写下来，因为只有这样，你才能够有更加清晰真实的自我体会。

A. 我的外表形态：例如：身高中等，身材匀称；没有突出的容貌；不喜欢穿着非常抢眼的衣服，喜欢穿宽松休闲的衣服……（可以从容貌、体重、服装等方面描述）

B. 我的体质状况：例如：我是个体质很差的人；我的消化系统不是很好；易疲劳；经常偏头疼；每天需要花很长时间才能睡着……

C. 我的性别形象：例如：我有男子汉气概（或者女人味）；我喜欢穿男性化（女性化）的衣服……

D. 我的工作（或学习）状况：例如：我是一个工作认真负责的人，但工作业绩平平，在公司我不能够引起上司的注意，我工作时候不喜欢出风头，每次年终评奖都没有我……

E. 我的人际关系：例如：我看似内向，但了解我的人都知道我充满幽默与激情；我对待朋友十分忠诚，同样也要求朋友对我忠诚；我能够与所有家人和睦相处……

F. 我的价值观：例如：我人生的目标就是追求成功，得到更多人的认可；我不赞同出家修行的人，我认为活着就必须不停地创造价值……

G. 我的性格特征：例如：我活泼开朗，但也会抽出时间独处；平时大大咧咧，而一旦朋友背叛，我会让他付出代价；我是个勇敢、喜欢冒险的人……

……

【说明】：

➢ 最后的省略号，意思是你可以继续添加内容。只要你觉得这个自画像还不够清晰，还需要更多的内容，就可以自由添加你想添加的内容。

➢ 在进行自画像的时候，除了客观描述自我形象外，可以添加进去自我评价。

- 在做这个自画像的时候应该提醒自己，既不要夸大自己的优点，也不要夸大自己的缺点；既不要高估自己，也不能贬低自己。注意，在填写自我价值观的时候，我们往往喜欢把一种普世的价值观添加到自己头上。例如，你认为物质生活对于自己最重要，喜欢享受现实的花花世界，而自己却要填写上热爱追求精神的升华。

第二节 我的性格特征

了解性格是自我形象觉察的一个重要的方面，性格对于我们认识自我非常重要，甚至有时候，我们所说的自我，实际上就是指自我性格特征。

性格，相当于我们平常说的脾气秉性，通常是指我们在心理和行为方面比较稳定的态度或表现，主要指人们对自我、他人或对事物的态度特征和行为方式。也就是说，性格是指导我们态度、言行的方向标。了解了性格，也就知道了我们是怎么为人处世的，我们为什么是这样做事，而不是那样做事。性格是我们的自我内核，了解了性格，也就了解了自我最核心部分。

一、描述一下自己的性格

谈到性格，可能我们随口会说出“我的性格有点内向，他的性格外向”这些话语。在我们通常理解的性格中，内向和外向是我们使用的最频繁的描述性格特征的词语。实际上，我们的性格特征非常丰富，在人格心理学领域也不止这种二分法，可谓五花八门。我们可以先抛开那些心理学家们不厌其烦的繁琐的分类，先给自己的性格做个描述。

【说明】

■ 描述性格时，只要根据自己认为的符合自己性格特征的实际情况进行描述就行了，不必在意是否完整，只要能够认真完成就够了。

■ 这个描述可能没有专业的心理测验那么完整，但只要你能够认真的完成，它就代表最真实的自我性格特征，因为这种描述不受性格测量时的量表倾向性心理暗示的干扰。

1. 外向性：反映了在人际关系中活跃、主动、积极和易沟通、轻松、温和等特点，以及乐观和积极的心态。

例如：我比较外向（或我很内向），平时在单位非常活跃，待人热情……

2. 人际关系：指对待人际关系的基本态度。

例如：我胸怀开阔，平时比较谦和，与同事能够和睦相处……

3. 做事风格：指我们的行事方式和态度。

例如：我态度认真，做事非常严谨、沉稳……

4. 情绪性：指我们的情绪控制能力，以及对情绪的态度。

例如：我的耐心比较好，大部分时间心平气和，做事非常直爽……

5. 才干：反映个体的能力和对待工作任务的态度，包括决断、坚韧和机敏三个小因素。

例如：我做事果断，并且非常有毅力，能够灵活地处理一些突发问题……

6. 善良：反映中国文化中“好人”的总体特点，包括利他、诚信和重感情三个小因素。

例如：我总能真诚待人，非常痛恨撒谎，非常关心他人的感受，总为他人着想……

7. 处事态度：对人生和事业的基本态度，包括自信和淡泊名利两个小因素。

例如：我非常自信，我淡泊名利……

在描述这些项目的时候，如果实在找不出形容性格的词语，可以从下面这些词中挑选出相应的词放在对应的描述项目中。

活泼开朗　沉默寡言　幽默　稳重　轻浮　冲动　坚强　脆弱　幼稚　成熟　能说会道　自私　真诚　独立　依赖　任性　自负　自卑　温柔体贴　神经质　拜金　小心翼翼　暴躁　倔强　逆来顺受　不拘小节　婆婆妈妈　交际广泛　豪爽　害羞　狡猾善变　耿直　虚伪　乐观向上　悲观消极　郁郁寡欢　孤僻　难以琢磨　胆小怕事　敢做敢当　助人为乐　老实　守旧　敏感　迟钝　武断　果断　优柔寡断　暴力倾向　损人利己　附庸风雅　时喜时悲　患得患失　快言快语　豪放不羁　多愁善感　循规蹈矩　刻薄

二、性格测验

描述完自己的性格特点后，相信你对自己的性格有了一个初步的判断，但又似乎不够清晰系统，也不知道自己究竟该如何做，这时就需要借助性格测试工具来帮助你。

实际上，现在社会上流行的性格测试方法非常多，既有简单的图画、色彩测量，也有复杂的心理量表测试。那些过于简单的测试实际上许多时候是非常粗糙的方法，缺乏系统性、科学性；而那些专业的心理测试工具对于我们大多数人来讲又似乎太难以使用。因此，这里介绍一个比较易操作，又相对完整的性格测试工具——菲尔性格测试。这个测试相对于那些靠一张图片和几句话就断定人的性格特征的测验而言更加准确严谨，因为任何测试都有它的局限性，都不能绝对化。我们在对号入座的时候应该注意自己不应该过于执迷于此，因为对性格的了解是一个相对复杂系统的工作。如果你希望有更加精确的系统了解自己性格，除了用心做性格描述功课外，还需要借助专业的心理测试工具，请专业的心理工作者进行系统的测试分析。

菲尔性格测试

这个测试是菲尔博士在著名主持人欧普拉的节目里做的，非常有趣，它也经受了时间的检验，这是一个目前很多企业人事部门经常采用的性格测试。

【说明】

下面有10个问题需要你回答，选择你觉得最符合的一个答案，不要犹豫不定，就凭第一直觉选择，并且选择时是依现在的你，而不是依过去曾经的你。

1. 你何时感觉最好？

a）早晨　　b）下午及傍晚　　c）夜里

2. 你走路时是……

a）大步地快走　　b）小步地快走

c）不快，仰着头面对着世界

d）不快，低着头　e）很慢

3. 和人说话时，你……

a）手臂交叠地站着　　b）双手紧握着

c）一只手或两只手放在臀部

d）碰着或推着与你说话的人

e）玩着你的耳朵，摸着你的下巴或用手整理头发

4. 坐着休息时，你……

a）两膝盖并拢　b）两腿交叉　c）两腿伸直

d）一腿蜷在身下

5. 碰到你感到发笑的事时，你的反应是……

a）一个欣赏的大笑　b）笑着，但不大声

c）轻声地咯咯地笑　d）羞怯地微笑

6. 当你去一个派对或社交场合时，你……

a）很大声地入场以引起注意

b）安静地入场，找你认识的人

c）非常安静地入场，尽量保持不被注意

7. 当你非常专心工作时，有人打断你，你会……

a）欢迎他　b）感到非常恼怒

c）在上述两极端之间

8. 下列颜色中，你最喜欢哪一种颜色？

a）红色或橘色　b）黑色

c）黄色或浅蓝色　d）绿色

e）深蓝色或紫色　f）白色

g）棕色或灰色

9. 临入睡的前几分钟，你在床上的姿势是……

a）仰躺，伸直　b）俯躺，伸直

c）侧躺，微蜷　d）头睡在一手臂上

e）被子盖过头

10. 你经常梦到你在……

a）落下　b）打架或挣扎

c）找东西或人　d）飞或漂浮

e）你平常不做梦　f）你的梦都是愉快的

【每个选项分数值】

1. (a) 2　(b) 4　(c) 6
2. (a) 6　(b) 4　(c) 7　(d) 2　(e) 1
3. (a) 4　(b) 2　(c) 5　(d) 7　(e) 6
4. (a) 4　(b) 6　(c) 2　(d) 1
5. (a) 6　(b) 4　(c) 3　(d) 5
6. (a) 6　(b) 4　(c) 2
7. (a) 6　(b) 2　(c) 4
8. (a) 6　(b) 7　(c) 5　(d) 4　(e) 3　(f) 2　(g) 1
9. (a) 7　(b) 6　(c) 4　(d) 2　(e) 1
10. (a) 4　(b) 2　(c) 3　(d) 5　(e) 6　(f) 1

【分析】

做完之后，将所有分数相加，根据具体的分数再对照下面的分析：

低于21分：内向的悲观者。

人们认为你是害羞的、神经质的、优柔寡断的；需要别人照顾，永远要别人为你做决定，不想与任何事或任何人有关。他们认为你是一个杞人忧天者，一个永远看到不存在的问题的人。有些人认为你令人乏味，只有那些了解你的人知道你不是这样的人。

21~30分：缺乏信心的挑剔者。

你的朋友认为你勤勉刻苦、很挑剔。他们认为你是一个谨慎的、十分小心的人，一个缓慢而稳定辛勤工作的人。如果你做任何冲动的事或无准备的事，你会令他们大吃一惊。

31~40分：以牙还牙的自我保护者。

别人认为你是一个明智、谨慎、注重实效的人，也认为你是一个伶俐、有天赋有才干且谦虚的人。你不会很快、很容易和人成为朋友，但是，是一个对朋友非常忠诚的人，同时要求朋友对你也有忠诚的回报。那些真正有机会了解你的人知道要动摇你对朋友的信任很难，但一旦这信任被破坏，会很难恢复。

41~50分：平衡的中间者。

别人认为你是一个有活力的、有魅力的、讲究实际的、永远有趣的人，经常是众人注意力的焦点；但你是一个足够平衡的人，不至于因此而昏了头。

51~60分：吸引人的冒险家。

别人认为你是一个令人兴奋的、高度活泼的、相当易冲动的人。你是一个天生的领袖，做决定很快，虽然你的决定不总是对的。他们认为你是大胆的和冒险的，是一个愿意尝试机会而欣赏冒险的人。因为你散发的魅力，他们喜欢跟你在一起。

60分以上：傲慢的孤独者。

别人认为对你必须“小心处理”。在别人的眼中，你是自负的、以自我为中心的、有极端支配欲的。别人可能钦佩你，希望能多像你一点，但不会永远相信你，会对与你更深入地来往有所踌躇及犹豫。

如果你还想进一步深入了解性格特征的知识，可以阅读一些关于性格分析的书籍，例如色彩心理学、九型人格等。

第三节 在社会中认识自己

著名学者邓晓芒先生曾经写过一本书叫《人之镜》，它提示我们要学会用镜子来反观自我，警示我们不能够仅仅停留在自我的世界中来认识自我，还需要在社会中反观自己。人是人际关系中的人，认识自我的过程不仅仅是自我觉察和自我性格评估的过程，了解自我，还需要把自己放入社会。

一、他人眼里的自己——他人评价

如果说自我认识是一座高楼，自我形象觉察是一个修建高楼的工程师，那么通过他人的评价或者与他人比较来认识自我，则是一个脚手架，只有利用好这个脚手架，才可以修好这座高楼。

他人评价对于我们来讲包括正面与负面两个角度，正面评价是对自己的特点、优点的肯定评价，负面评价则是对我们缺点与不足的批评。不管是正面评价还是负面评价，只要是真实、坦诚的，对于我们认识自我都有非常大的帮助。然而，实际上我们要想了解他人对自己的真实客观评价是非常困难的，因为在社会中我们大都戴着面具，他人根本看不清楚我们自己真实的样子，即使别人看清了，碍于面子也可能不愿意给出真实的评价。所以，我们要学会识别评价。

乌鸦又衔着一块肉在树枝上休息，一只狐狸来到树下。

乌鸦想，这可恶的家伙肯定又来奉承我了，这回我可不上他的当了。任凭他把好听的话说上十箩筐，我也不理他。谁知，狐狸却开口大骂起来："你这臭嘴婆娘，顶风臭十里！穿一身丧服，叫人看了就作呕！还有你那破嗓子，比驴叫还难听一百倍……”乌鸦没料到狐狸会来这一手，听着听着，便气得浑身打起颤来。她刚要开口回骂，肉就从嘴里掉下来。狐狸坏笑了一下，叼着肉，一溜烟跑了。

乌鸦叹息道：看来，要保持清醒的头脑，抵御不了奉承不行，抵御不了谩骂也不行啊！

乌鸦再次上狐狸的当，不是因为它没有吸取上次的教训，而是因为它不能够识别狐狸对他的评价的真实性。狐狸对乌鸦的一番叫骂，就是一种对乌鸦的负面评价，但这并不是狐狸真实的评价，因为乌鸦的长相、声音并不是狐狸关心的，这与它也没有直接的关系。狐狸对乌鸦的负面评价是包含了其他目的（即骗取乌鸦张嘴回骂）的评价。现实生活中他人对我们的评价也是五花八门，我们也很难辨识。

如何辨识他人的评价呢？先看看邹忌是如何辨识的：

邹忌身高八尺多，形体容貌光艳美丽。一天早晨，邹忌穿戴好衣帽，照着镜子，问他的妻子：“我同城北徐公比，谁漂亮？”他的妻子说：“您漂亮极了，徐公哪里比得上您呢？”城北的徐公，是齐国的美男子。邹忌不相信自己会比徐公漂亮，又问他的妾：“我同徐公比，谁漂亮？”妾说：“徐公怎么能比得上您呢？”第二天，有客人从外面来，邹忌同他坐着闲聊，邹忌又问他：“我同徐公比，谁漂亮？”客人说：“徐公不如您漂亮。”又过了一天，徐公来了，邹忌仔细地看他，觉得自己不如徐公漂亮；再照镜子看看自己，觉得自己远远不如徐公漂亮。晚上徐公躺着想这件事：“我的妻子认为我漂亮，是偏爱我；妾认为我漂亮，是害怕我；客人认为我漂亮，是有求于我。”

于是邹忌上朝拜见齐威王，说：“我确实知道自己不如徐公漂亮。可是我妻子偏爱我，我的妾害怕我，我的客人想有求于我，他们都说我比徐公漂亮。如今齐国有方圆千里的疆土，一百二十座城池，宫中的妃子、近臣没有谁不偏爱您，朝中的大臣没有谁不害怕您，全国范围内的人没有谁不有求于您：由此看来，大王您受蒙蔽很深啦！”

齐威王说：“好！”就下了命令：“大小官吏百姓能够当面指责我的过错的，受上等奖赏；书面劝谏我的，受中等奖赏；能够在公共场所批评议论我的过失，并能传到我的耳朵里的，受下等奖赏。”命令刚下达，许多大臣都来进谏，宫门前庭院内人多得像集市一样……

这里不难发现，邹忌辨识他人评价的方法并不复杂，他首先对自我外貌特征进行一个相对客观真实的觉察，然后再以此为标准来辨识他人评价是否符合这个客观真实。邹忌通过照镜子，亲自与徐公比较等方法，知道了自己是否真的是最美的人，进而知道了他人对自己的评价是不是客观真实的。抽象点讲，邹忌使用了一种实证方法来辨别他人评价的真伪性，这种方法启发我们，要想辨识他人评价是否客观真实，首先需要对自己有一个冷静客观真实的认识，这样才能够以真实客观的标准来辨别他人的评价。

值得注意的是，这种方法似乎是一种死循环，因为，我们让他人评价本来就是为了获得一个相对客观真实的自己，如果我们已经知道了一个客观真实的自我，还需要他人评价吗？就像我们试图用一把尺子来量另外一把相同的尺子一样，如果我们已经知道了这把尺子的长短，还需要另外一把尺子吗？

要回答这个问题，我们不能忽略评价的主观性，其实所有评价都是一种主观的评价，我们弄清楚的只是一个相对客观真实的“事实”标准，而不是一种客观真实的“评价”标准。邹忌的身高体貌特征实际上就是一个“事实”标准。如果说身高体征还比较容易被理解成主观东西的话，赵高指鹿为马的故事便能够说明这个问题，这个故事中是马还是鹿是有客观“事实”标准的，客观“事实”标准就是这个被赵高指认的马，实际是一只鹿。只有了解了这个客观标准我们才可能得到大臣们说的是一匹马的说法是否真实，是不是屈从于权势压力的违心评价。再比如，在日常生活中，一个人如果恭维一个“矮矬穷”的人，硬说他是“高富帅”，这时候我们就需要冷静审视这个评价背后的真实性。第一节中张雨佳的案例也从另一个方面表明了这一点，本来漂亮的她，由于自己的客观“事实”标准扭曲，导致他人比较真实的评价，也被她理解为讽刺。

当然，在他人的评价中还有性格、人际状态这些不容易找到“事实”的特征，但这并不等于没有，经过上一节的学习，我们已经对自己的性格特征有一个相对完整的认识，这个可以作为基准“事实”依据，然后再在他人的评价中不断完善自己的性格特征。

如何获得他人相对客观真实的评价呢？其实齐王已经给了我们一个方法：坦诚接纳别人评价，甚至对评价给了奖赏鼓励。当然，现实生活中我们要真正做到这一点非常困难，我们需要在工作、学习、生活方面做出很多努力。除了必须注意倾听他人的意见与建议外，还需要克服我们喜欢听好话、讨厌听坏话的心理，深谙“良药苦口利于病，忠言逆耳利于行”的道理，当他人给出评价时要做到客观冷静地对待。

为了帮助大家能够得到更多他人的评价，我们可以制订一个收集他人评价的行动计划：

第一种方法：现在就动手准备几张白纸（至少三张），在纸上写上诚恳的一段话：

> 亲爱的朋友（或者家人称呼），我需要您的帮助，请您抽时间写下关于我的真实评价，写下您认为的我的优缺点，对我的印象……尽量多些，至少要100字，这是我的一个小小要求。

当然，你可以根据自己的表达习惯，写得再具体生动些，更加诚恳些。在合适的时候把它交给你最亲密的朋友、家人、同学、同事，当面态度诚恳地请他们写下关于你的评价，再亲自告诉他们，需要写出优缺点两个方面的评价，尽量多，不少于100字。

第二种方法：现在就动手给你最亲密的朋友、家人、同学、同事发一条短信，也可以发一封电子邮件，但至少需要给三个人，里面写上诚恳的一段话：

> 亲爱的朋友（或者家人称呼），我需要您的帮助，请您抽时间写下关于我的真实评价，写下您认为的我的优缺点，对我的印象……尽量多些，至少要100字，这是我的一个小小要求。

同样，你可以根据自己的表达习惯，写得再具体生动，更加诚恳些。然后亲自打电话给他们，态度诚恳地请他们写下关于你的评价，需要写出优缺点两个方面的评价，尽量多，不少于100字。

如果你真的认真地这样做了，一定能够收获到来自亲密朋友、家人、同事那里的一份爱与关怀。

这里需要再提醒一下大家，我们了解他人对自己的评价，实际上就是一种认识自我的方式，而不能把他人对你的评价作为一个真实的自我，这个评价不能给你最终宣判，因为只有你自己才能够给自己结论，任何他人的评价最终都是通过自我评价来实现其意义的。在生活中，对于他人的评价，我们需要把握一个重要的原则：接受他人意见与建议，如果他人的评价是意见建议，我们要接受和吸收；如果是攻击污蔑，我们也需要冷静认真地面对，在心里轻轻地抹去。

二、社会角色

所谓人际关系，实际上就是一个我们日常生活的网络关系，用通俗的话讲，人际关系就是圈子。中国人也更喜欢用圈子来形容较亲密的人际关系网络。虽然我们每个人都生活在自己的圈子里，无论什么样的圈子，每个人都在里面有自己的角色，但大多时候我们还是比较模糊，因此，我们需要梳理一下自己的圈子，认清自己的角色，这对于我们认识自己非常重要。

（一）从斯坦福监狱试验认识社会角色

1971年夏天，斯坦福大学心理学教授菲利普·津巴多(Philip Zimbardo)和同事们在大学地下室搭建了一个模拟的监狱，并且征集了24名心智正常的、身体健康的志愿者，每人每天可以得到15美元报酬，但是必须完成14天的实验。这些志愿者被随机分成两部分，12个人充当警察的角色，另外12个人充当囚犯的角色。实验模拟真实监狱的环境，“囚犯”分别被“警车”押送到监狱，然后被搜身，扒光衣服，清洗消毒，穿囚服(像连衣裙一样的罩衫)，右脚戴脚镣。和真实监狱类似，囚犯志愿者被关在监狱后就不能自由行动，3个人住一个小隔间，只能在走廊放风。他们没有名字，每个人只有一个编号。充当看守的志愿者，没有进行培训如何做狱警，只是被告知可以做任何维持监狱秩序和法律的事情。看守3个人一组，每组工作8个小时，三组轮换。

一切如此真实，经过一段时间的适应后，双方都完全进入了角色，真的成了“囚犯”和“狱警”。令心理学家没有想到的是，在实验进行到第36个小时的时候，一名囚犯因受到极度精神压力而出现哭泣、咒骂等各种各样的歇斯底里症状而退出了实验。实验仅仅进行了不到两天的时间，“心智正常的、心理健康的”一个好人已经被一群“心智正常的、心理健康的”好人折磨得濒临崩溃。

最终这个实验在第六天被迫终止。

（详细的试验情况请参考 http：//www. prisonexp. org。）

这个试验中的所有人，都被深深卷入了自己所扮演的角色中无法自拔，不管是施虐者还是受虐者。甚至于主持实验的教授也被卷入其中，成了维持他那个监狱秩序的法官形象。这个试验如今已进入了我们的流行文化当中，它是启发小说《死亡试验》的灵感，之后该小说又被拍成了电影，还在无数的电视节目中被报道和重现，最著名的是由 BBC 拍摄的。

这个实验如此的有影响力，它到底要告诉我们什么呢？显然它告诉我们社会角色对我们性格的影响，告诉我们社会对于我们的本性改变的力量。仅仅 6 天就可以让那些“心智正常的、心理健康的”好人，变成冷酷的看守，变成服从的囚犯，在社会中的我们还有什么不能被社会所改变的呢？

实际上，这个试验让我们理解到社会角色的威力。“角色”一词来源于戏剧，指的是那些处于特定社会位置的人被期望表现出来的行为。在社会心理学中，“角色”是指一个人在特定的社会和团体中占有的某一特殊位置以及被社会和团体规定了的行为模式。用通俗的话讲，角色就是一个人的社会地位、身份。比如，在家庭中我是丈夫的角色，这就意味着我需要在家里承担起更多的家庭经济责任，要经常关心自己的妻子，抽出时间陪妻子……因为我必须像一个丈夫的样子；在公司里我是高管角色，那么就必须表现出做事果断，有判断力，并且说话要铿锵有力，要会“命令”下属做事情……因为这样才能符合公司高管的角色要求。

我们也许还会在社会中遇见过这种情形，有人在功成名就或社会地位变得显赫之后，往日待人和蔼可亲的面孔没了，变得盛气凌人；他以前很尊重下属的意见，现在却对下属的话不屑一顾……不同的角色赋予一个人的权利和责任是不同的，人们对他的期待也必定不同，这些无形的东西都会影响一个人的心理和行为，从而促成他的变化。

所以，我们在理解人的时候除了通过日常的言行与处理事务的态度、方式外，也需要从他所处的社会角色角度来解释他的行为方式。对于我们自身来讲，也是如此，我们应该时刻意识到自己的角色，除了扮演好那个角色外，还应该在角色中深入了解自我，在角色中不断寻觅真实的自我，挖掘自己的本性，不断在自我成长中完善自我角色。

（二）社会圈子中的自己

每个人都生活在社会圈子里，从社会圈子看自己的角色非常重要。自己和家庭成员关系如何，自己有多少个朋友，在职场中自己和上下级以及同事之间关系是否和谐，这是认识自我的一个重要方式。下面我们就一起走入与我们密切相关的三大主流圈子：亲属圈、朋友圈和工作圈，来看看圈子中的自我是一个什么样子。

1. 亲属圈

在整个人际网络中，我们最先建立、最先接触的圈子就是亲属圈，它是以先天法律或血缘关系为纽带的一个自然圈子，但这个圈子也不是天然不变的，也需要我们的经营和维护。

家庭是一个基本的社会圈子，也是我们亲属圈子的重要部分。在家庭中我们都处于多重角色之中，在这些角色中我们可以审视自己，审视自我状态。

现在你可以根据提示，绘制出一个家庭角色表（或者图），在这个表中标注出自己的角色，然后从自己的职责、自我表现和他人评价方面进行审视，看看自己在这里是不是一个合格的角色扮演者，这有利于我们找到一个亲属圈子中的自我。

家庭角色表

家庭角色	职责(我理解的应该是个什么角色)	我的表现	他人的评价(角色对应方的评价,如对于父亲角色而言,就是儿子或女儿的评价)
父亲(母亲)	例如:一家之主,教育儿女,承担更多家庭责任……	例如:我现在每天忙于工作事业,承担了家庭经济负担,但没有能够为儿女教育做出更多……	例如:一个严厉的、忙碌的父亲……
儿子(女儿)			
丈夫(妻子)			
弟弟(妹妹)			
爷爷(奶奶)			
……			

续表

家庭角色	职责(我理解的应该是个什么角色)	我的表现	他人的评价(角色对应方的评价,如对于父亲角色而言,就是儿子或女儿的评价)

注意，有可能的话，也尽量回忆或者了解一下他人对我们的角色评价，这个表应该写得尽量详细些。如果感觉无从下手，就先去问问你的家人，他们是怎么看你的，这个工作与上一节中获取他人评价的方法有点相似。

2. 朋友圈

如果说亲属圈是一种自然的人际关系，那么朋友关系是一种依靠个人魅力和社交能力建立的社会关系。朋友关系在人际关系中是一种抛开了血缘和利益关系的纯粹的特殊社会关系，因此，在所有的社会关系中，朋友之间的关系——友谊，对于现代社会中的人而言是一种仅次于亲情关系的最为珍贵的关系。所以俗话说：“一个篱笆三个桩，一个好汉三个帮。”

这里我们也需要制作一个表格或者图谱，列举出自己3位以上的朋友，看看你们之间的亲密度，看看你是否符合这个朋友的角色，看看他们是如何评价你的。

这里边朋友的亲密度，可以用五级评价方式：(1) 密友、知己；(2) 普通朋友，已经没有工作学习关系，但每年有简单交往；(3) 一般朋友，有工作学习关系；(4) 一般朋友，没有工作学习关系；(5) 我的宠物。

朋友角色表

朋友姓名	我们的亲密度	我的表现	对我的评价
×××	例如：他是我的同事，也是我的知己。我们一周有一次聚会或者见面的机会，我经常和他一起出去打球、旅行……	例如：我非常坦诚地对待他，我愿意和他进行情感层面的交流……	例如：我非常信任你，因为你非常坦诚。我们有许多共同的爱好，我欣赏你的担当……

在这里，我们可以尽量多地列举自己的朋友；如果可能，也要尽量多地征求他们的评价。

3. 工作圈

相对于家庭、朋友圈子来讲，工作圈更多的是一种社会功能，而不是感情功能的人际关系。但这种关系对于我们每个人的生活又非常重要，因此，工作圈子代表了我们成长或者生存的圈子，工作的能力代表着我们的生存能力。

在此我们可以制作一个工作关系表或者图，列举出我们的上下级关系，同事关系，看看你的表现，看看他们如何评价你。

工作（学习）关系表

工作关系	我的工作	我的表现	对我的评价
上级	例如：我需要完成程序的编制，然后交给他进行审核，根据他的意见再进行修改……	例如：我每次都能认真地完成他交给我的任务，对于他提的修改意见我都能够接受，并按照他的意思进行修改……	例如：你非常负责，并且能够认真地听取意见……
同事			
下级			
客户			
竞争对手			
……			

续表

工作关系	我的工作	我的表现	对我的评价

除了上面介绍的这些圈子外，还有非常多的社会圈子，例如我们在学校里的学习圈子，在社团中的协作圈子等，这些圈子都能够让我们看到自己。如果你有兴趣，可以参考上面这些方法，进行梳理。

第四章

克服人际关系障碍之道——悦纳自我

要有效克服人际关系障碍，仅仅认识自己还远远不够，我们还必须更进一步学会自我悦纳。正像我们讨论人际关系障碍原因时所提到的那样，任何障碍都是一种自我障碍，都与自卑和恐惧相关联。自卑和恐惧实际上是对自己的不接纳和不认可造成的，自卑是在看低自己，而恐惧也是在自我恐惧，不接纳自己。因此，克服人际关系障碍最关键的就是要学会悦纳自我，而悦纳自我就是在自尊、自信的基础上接纳自己的过程。

人际交往首先就是和自己的交往，在人际交往时我们需要做到自尊、自信，接受自我，这样才能够更好地接受他人。但我们恰恰忽略了这一点，我们一直认为只要我们做好了接纳他人的准备，知道了交往的技巧，就能够得到他人的认可，就能够克服任何人际关系障碍。

这是一个误区。如果我们没有接受自己，没有做到悦纳自我，靠那些生硬、干瘪的理解、宽容去接纳他人都是一无本之木。良好的人际关系本来就是在接纳自我之中建立的，人际关系的阴霾也只有在懂得悦纳自我后才能消散，从而使我们走向光明。

第一节　自尊，悦纳自我的起点

自尊就是尊重自己，当我们学会尊重自己时，就是我们悦纳自我的开始。同样，当我们学会尊重自己时，也就开始获得了他人的尊重。得到他人的尊重，是我们的良好人际关系的开始。

一、理解自尊

我们经常听到“自尊”这个词，但怎么来理解它呢？直接分解一下这个词，我们可以得到直白的含义，自尊就是自我尊重。如果非要像心理学家那样给它一个具体的定义，那么：自尊就是一个人在自我评价基础上产生和形成的一种自爱、自我尊重，并要求受到他人、团体和社会尊重的情感体验。简单点，自尊就是一种自我评价，一种自我情感体验。例如，在生活中经历了挫折后，我们经常感觉到被生活折磨得身心疲惫，认为自己也许应该认命。这个时候，我们就会丧失自尊，变得颓废、堕落，此时，我们的人际关系、事业会变得越来越糟，人生变得更加昏暗，即使机遇展现在面前，我们往往也会麻木迟钝。

再进一步理解，自尊就是尊重自己，维护自己的人格尊严，不容许别人侮辱和歧视的心理状态。具有自尊心的人，往往不甘于平庸，有强烈的责任感，能够自觉、勤奋、刻苦地做事，以维护自己的地位和承担社会责任。缺乏自尊心的人，往往生活消极，缺乏社会责任感，自甘堕落，无力或者不愿意维护自己的人格尊严。例如，经常看到许多乞丐，他们四肢健全，智力正常，但却甘于低头行乞，他们认为自己只配这样，在受到语言侮辱甚至人身攻击时往往会退缩，而不敢反击，因为他们失去了自尊，觉得乞丐就应该承受这些。

在现实生活中，我们经常会遇见两种关于自尊水平的话题：一种是自尊过低，表现出缺乏自我肯定，缺乏对自身能力或者个人魅力的自信，从而接受自己就应该是一种被社会抛弃或者被人看不起的状态，他们已经认同了自己的社会生活地位低下的状态，并且缺乏进一步改变现状的勇气和力量，简单地讲就是自卑；另一种是所谓的“高”自尊，这里“高”之所以加上引号，是因为自尊水平没有“高”的说法，自尊的水平只有缺乏自尊与健康自尊之分。这个“高”自尊的说法实际上是一种对自尊的误解，“高”自尊实际已经像缺乏自尊一样不是一种健康的自尊水平状态。比如，我们经常会听见这种说法：“他自尊心太强了，别人说他两句就受不了了。”这里“太强”就是贬义，而不是一种健康的自尊。

前面已经说过，自尊是一种自我评价，自我感觉，是一种自我尊重，也是一种对自我的接纳与肯定。不能接纳自己，就是一种自卑，这一点和我们谈到的完美主义者和爱面子的人的自卑是相同的意思。因此，就自尊而言，只有健康的自尊和不健康的自尊，而没有过高过低之说，缺乏自尊和所谓“高”自尊其实都是一种不健康的自尊。

在人际交往中，这种所谓自尊心“过低”和“过高”的人，都对人际关系很敏感，喜欢把注意力集中于他人，而忽略了自己，他们通常很在乎别人怎么看待自己，但从来没有想过自己是什么样子。人际关系过于敏感使他们陷入了自我否定漩涡，他们只把注意力集中在别人身上，不敢也不能肯定自己的能力和价值，需要在他人的肯定中获得安慰。

【案例】

小林，男，20岁，某高校大一学生，平时在班里表现一般，学习成绩也不突出。由于从小个性比较内向、敏感，进入大学后，他经常陷入一种莫名的苦恼之中。他特别在意别人的看法，经常揣摩别人的想法，用他自己的话讲：“自尊心强，脸皮非常薄。”例如，由于视力和听力都不是很好，上课的时候他非常希望坐在第一排，但始终没有勇气这样做，因为他感觉坐在第一排的人，都是女生或成绩好的男生，而他的成绩一般，坐到前面会被别人笑话。每天他想早起背英语单词，考六级，但又怕寝室的几个哥们说“真是好学生啊，这么用功”之类的话，他感觉这些话是一种讽刺，因为“用功”就是说你不聪明，聪明人从来不用太用功。

这样的纠结经历了一年的时间，他苦恼不已，学习成绩也几乎班级垫底，险些挂科。并且经常为了同学或者老师的几句话，纠结很长时间，以致失眠。

小林显然陷入了人际敏感的漩涡，他自认为的“自尊心强”、“脸皮薄”，使他在生活中处处谨小慎微，总是想着他人的看待和评价，给自己带来许多痛苦。实际上，进一步分析可以发现，小林所谓的“高”自尊并不是建立在自我肯定的基础上，而是建立在恐惧、担心上面，他的内心并没有认同自己的能力和价值，反而觉得自己不配坐在第一排，等等。这样一来，小林强烈的自尊心，演变成了自卑，最终成了人际障碍的导火索，让他陷入人际关系交往的恐慌。

二、看看你的自尊水平

自尊水平的评估可以借助心理学的测量工具。自尊水平的评估工具很多，这里给大家介绍一个简单有效的自尊测量工具，供大家参考。

自尊水平测试

【指导语】

自尊测试量表用以评定自我价值和自我接纳的总体感受。此量表共 10 个题目，由 5 个正向计分和 5 个反向计分的条目组成，分 4 级评分。在你认为合适选项对应的数字处打钩。

自尊测试量表

项　　目	很不符合	不符合	符合	非常符合
1. 我认为自己是个有价值的人，至少与别人不相上下	1	2	3	4
2. 我觉得我有许多优点	1	2	3	4
3. 我做事可以做得和大多数人一样好	1	2	3	4
4. 我对自己持有一种肯定的态度	1	2	3	4
5. 整体而言，我对自己感到满意	1	2	3	4
6. 我觉得自己没有什么值得自豪的地方	4	3	2	1
7. 总的来说，我倾向于认为自己是一个失败者	4	3	2	1
8. 我要是能看得起自己就好了	4	3	2	1
9. 有时我的确感到自己很没用	4	3	2	1
10. 我有时感到自己一无是处	4	3	2	1

【评分方法】

按照表格中的相应数字相加即得出总分。

【测验结果分析】

本表最高得分 40 分，最低得分 10 分。分值越高，表示自尊程度越高。

好了，你的测试完成了，看看你的自尊感水平如何吧！

如果你测验分值较低，那就意味着你可能存在一定的自卑感，你需要在人际交往中进一步提升自尊心；如果分值较高，则表明你可能拥有比较健康的自尊状态；但如果分数过高，你就需要警惕人际敏感，需要警惕缺乏自信的“不健康的自尊”。

三、建立健康的自尊

在讨论如何建立健康的自尊之前，我们先一起了解一下自尊的形成过程。从社会心理学、发展心理学角度讲，自尊的形成和人的童年经历有关。如果童年得到很多鼓励和认同，那么就可能在以后的人生道路上获得自尊，反之，就可能让我们的自尊受损。根据心理学家的研究表明，拥有自尊的人在儿童时期往往受到过许多正面的鼓励和赞扬，并且在学业或者体育竞赛中获得一定的成功，同时还有比较亲密的人际关系，经常有人谈心，在一个比较民主的方式中进行对话。相反，那些缺乏自尊的人在童年往往经历了更多的指责、批评，身边的人经常用喊叫的方式与之沟通，甚至经常遭到打骂、被忽略、嘲笑，被父母或者老师用“完美”的标准要求，经常在学习或者其他比赛中有强烈的受挫感。

总结一下上面提到的对自尊的形成有着重要影响的因素，可以归结为两点：一种是人际关系亲密因素，一种是自我价值认同因素。当我们的人际关系处在和谐状态的时候，平等民主的氛围让我们感到自我在社会中得到了爱抚，从而就会在以后的生活中进一步按照这种方式处理人际关系，做到自爱，爱人。同样，当我们在童年时得到更多的肯定与认同，就会形成一种信念——“我是有用的，我是有价值的”，自我价值感就会提升，从而提升自我评价、自我认同感。这两种因素往往不能分开，分开就可能造成一种“脆弱自尊”。比如，我们经常会遇到许多高分低承受力的孩子，他们因为不能够承受某一次考试失利的打击，而变得灰心丧气。这种孩子就只得到了价值认同，而没有得到亲密的人际关系爱抚。一个从小只被要求成绩，而忽略了自尊的亲密关系因素的孩子，根本就不会有健康的自尊，因为健康的自尊一定是懂得既接纳自己的优点，也接纳自己的不足；既接纳自己的成功，也接纳自己的失败的自尊。

自尊形成的过程实际上就是建立健康人际关系的过程，因此，要想建立健康的自尊必须从建立亲密和谐的人际关系和提升自我价值感两个方面入手。

1. 学会在人际关系交往中确立自尊

“人同此心，心同此理”，人际交往是我们提升自尊心的第一法宝。要提高自尊，必须从建立亲密关系入手。自卑导致了我们人际关系交往退缩，人际交往退缩又加重了我们的自卑感，要克服自卑，提升自尊，必须从人际交往入手。

（1）尽量减少到让自己感到无助的人际场合。许多时候，处在一个被忽略的人际交往场合，我们会感到失落或被忽略，我们的自尊心会受到打击。例如，一个一贫如洗的人与自己某个富豪朋友出席一个大型的名流云集的宴会，地位、身份的差异感会严重损害这个人的自尊心，虽然，这对于一些人来讲可能是一种激励，但对于一个本身就自卑的人来讲无疑是一种打击。

（2）与能够增强我们自尊心的人交往。能够增强我们自尊的人，实际上就是那些本身有着较强自尊的人，因为他们知道自己应该得到尊重，知道如何尊重别人，并且这种尊重是建立在平等、坦诚的基础上的尊重。而那些平时对我们看似恭顺的人，会让我们感到一丝不安全；只说好话、不说真心话的人，让人感到更加不踏实。

（3）为自己建立切实可行的人际交往计划。这就要求我们必须行动起来，找到一个在人际交往中树立自尊的途径。在生活中行动起来，让家人，让同事，让朋友都能够知道自己需要尊重，大家需要在一个相互尊重的环境中生活。

例如，可以与家人进行一个约定：不要在吃饭等公开场合谈论自己的缺点和隐私，可以私下讨论任何缺点或者过错。在办公室也可以进行一个约定：大家可以在公司里发表自己的意见，不管正确与否，但提出批评建议需要在一个相对私密的空间进行，可以讨论错误产生的原因，而不是指责对方的过错。

2. 在自我价值感中提升自尊

自我价值感就是自我认同，是自我尊重的前提，也是基础。在建立自尊的过程中，只有拥有了自我价值感，才可能让自己认同自己，才有让他人尊重自己的勇气。例如，一个乞丐往往没有勇气去回击一个富豪的辱骂攻击，却敢拿一根打狗棒痛殴来袭的流浪狗。因为，在富豪面前，乞丐的自我价值感尽失，他们变得卑微，没有了地位、身份，只配获得维持生存的食物；而在流浪狗面前，他却认为自己是一个人，这是一件可以让他“自豪”的事情，是有着价值感的。

（1）让自己获得有价值感的成就。成就是价值感的核心，在社会中我们需要成就来取得自我价值感，在成就中认同自我，因此，在工作学习中应该为自己“制造”取得成就的机会。可能许多人认为这只是一个不现实的提高自尊的方法，因为成就对于许多人来讲似乎是遥不可及的事情，取得成就往往受到客观条件与主观能力的限制，不是仅仅靠努力就能够获得的。正是由于这种心理，造成了我们的自尊心受到伤害。对于每个人来讲，只要我们不把成就定义成一个遥不可及的目标，只要我们愿意，随时都可以因小成就而获得价值感。关键是我们要懂得去欣赏和感受自己的成就。

下面简单地举几个例子帮助大家理解：

▲ 我今天炒了一个味道非常不错的菜，大家都一致认为下次应该再接再厉。

这个事情也许真的会让我们感到微不足道，实际上不然。“我”的价值不只让家人朋友吃到了一道可口的菜，关键是让自己掌握了一门非常好的炒菜技术，这个小小技术会提升我的价值感，因为在任何重要的场合“我”都可以拿出这个技术，获得大家的认可。假如在一次由公司高层参加的家庭聚会中，“我”能够做出这一道好菜，可能会在领导印象中提升自己的能力印象。

▲ 我今天在公司帮助文秘把会议室收拾了一下，文秘对我十分感激，说晚上请我吃冰激凌。

这也是一件微不足道的事，但如果我们能够把它作为一个非常有价值感的事情，那么我们同样能够收获成就感。帮助文秘收拾会议室，不在于是否得到了文秘的感谢，而在于自己是否用心收获了一种被他人感激的感觉。如果我们用心来收藏这种感激，就会感到自己在他人心中的存在价值。

总之，我们需要在生活的点滴中感受自己的成就，不用轰轰烈烈，同样也可以让我们感到自己的价值。

(2) 以己之长，找回自我。实际上在社会中每个人都有着他的存在价值，都有他的独特之处，关键是要把特长发挥在合适的位置，才能够体现这种价值。著名笑星赵本山是一个相貌奇特的好演员，他独特的表演方式受到了人们的喜爱，实现了他的价值。如果当初他去做模特，恐怕他的价值就要大打折扣了。现实生活中虽然没有如此富于戏剧性，但我们的特长也可以随时在生活中闪光，只要我们了解自己的优点长处，并且敢于大胆地利用这个特长来展现自我。

在工作生活中你可能认为自己既没有文艺天分，也没有精湛的技术，没有高超的人际交往能力和卓越的管理才能，似乎一无是处，就是一个普普通通的人，平平庸庸的人。这是你没有发现自己的优点或特长，而不是真的没有。

第二节　自信，悦纳自我的支点

自尊是一种自我尊重，是一种自我价值的肯定，它的形成和另外一个内在气质——自信息息相关，没有了自信，自尊往往就成了无源之水。建立自尊的过程也是建立自信的过程，自信使我们对人生充满希望，它让我们看到自己的力量，相信和肯定自己的能力。自信是自我悦纳的支点。

一、自信的力量——罗森塔尔效应

在教育心理学领域有一个著名的罗森塔尔实验，它是由美国著名的心理学家罗森塔尔教授设计完成的，后来称之为罗森塔尔效应。

> 罗森塔尔及其同事来到一所普通中学，要求教师们对他们所教的小学生进行智力测验。他们告诉教师们说，班上有些学生属于天才学生，这些学生以后必成大器，并把这些学生的名字念给老师听。自从罗森塔尔宣布天才学生的名单之后，罗森塔尔就再也没有和这些学生接触过，老师们也再没有提起过这件事。事实上，所有天才学生的名单，是从一个班级的学生中随机挑选出来的，他们与班上其他学生没有显著不同。可是到学期之末，罗森塔尔再次访问这个学校时，发现那些被列入天才学生名单的学生的成绩显著高于其他学生。

为什么会出现这种情况？罗森塔尔教授是著名的心理学家，在人们心中有很高的权威，老师们对他的话都深信不疑，因此对他指出的那几个学生产生了积极的期待，真像对待聪明孩子那样对待他们，而这几个学生也感受到了这种期望的积极暗示，也认为自己是聪明的，从而提高了自信心，提高了对自己的要求标准，最终他们真的成为了优秀的学生。

如果再进行深入的解析，用心理学的观点来解释就是心理定势在起作用。所谓心理定势，就是人们在看问题、认识人时，经常会用已有的知识或经验去看待某个问题或者某个人，也叫思维定势。心理定势实际上强调的是已有的固定印象，忽略了现在的变化，这种定势往往会干扰我们的客观判断。在这个试验中之所以会发生那种“被天才”的学生真的成了“天才”的现象，某种程度就是因为老师大脑中的心理定势作用：在权威心理学家的筛选下，那些天才学生一定是异于常人的。这种观念一旦形成，他们就会越看那些学生越像天才，并不自觉地按照天才的标准来培养他们。这种情况下，学生也自然会感觉到信任鼓舞，自信心倍增，因此他们也会加倍努力，从而成绩超越其他学生。

其实，罗森塔尔这个试验就是要告诉我们：要鼓励，要期待，要给予自己和他人信心。培养自信对每个人都十分重要，每个人都是天才，只要你相信自己。

自信也就是“信自”，相信自己，认为自己有能力完成某事。当我们相信自己有能力完成某事的时候，我们的潜能就能够得到充分的激发，从而产生惊人的能量。自信是成为“天才”的基本条件，是人生成功的基本条件。

二、你有自信心吗

自信心是指一个人在评估了自己的能力后表现出来的一种心理状态，它是我们成功的最重要的心理素质。虽然对于我们来讲，拥有自信不一定都会获得某件事上的成功，但拥有自信的人，其人生一定是精彩的，是成功的。你的自信心如何呢？我们经常会说“我很自信”或“我没有信心”之类的话，光说还不够，你需要进行评估后才能够有比较清晰的认识。下面介绍两个常用的自信评估方式，供读者参考。

1. 测试一下你的自信心

下面是一个比较方便的自信程度问卷，可以对我们的自信程度进行一个了解。

自信程度测试

【指导语】

自信测试问卷用以评定自信的总体感受。此量表共 40 个问题，直接按照你的实际情况回答“是”或“否”，如果不能确定，不要思考太多时间，尽量凭借第一感觉回答。

自信测试表

项　　目	是	否
1. 一旦你下了决心，即使没有人赞同，你仍然会坚持到底吗？	1	0
2. 参加晚宴时，即使很想上洗手间，你也会忍着直到宴会结束吗？	0	1
3. 如果想买性感内衣，你会尽量邮购，而不是亲自到店里去吗？	0	1
4. 你认为你是个绝佳的情人吗？	1	0
5. 如果店员的服务态度不好，你会告诉他们经理吗？	1	0
6. 你不常欣赏自己的照片吗？	0	1
7. 别人批评你，你会觉得难过吗？	0	1
8. 你很少对人说出你真正的意见吗？	0	1
9. 对别人的赞美，你持怀疑的态度吗？	0	1
10. 你总是觉得自己比别人差吗？	0	1
11. 你对自己的外表满意吗？	1	0

续表

项　　目	是	否
12. 你认为自己的能力比别人强吗？	1	0
13. 在聚会上，只有你一个人穿得不正式，你会感到不自然吗？	0	1
14. 你是个受欢迎的人吗？	1	0
15. 你认为自己很有魅力吗？	1	0
16. 你有幽默感吗？	1	0
17. 目前的工作是你的专长吗？	1	0
18. 你懂得搭配衣服吗？	1	0
19. 危急时，你很冷静吗？	1	0
20. 你与别人合作无间吗？	1	0
21. 你认为自己只是个寻常人吗？	0	1
22. 你经常希望自己长得像某某人吗？	0	1
23. 你经常羡慕别人的成就吗？	0	1
24. 你会为了不使他人难过，而放弃自己喜欢做的事吗？	0	1
25. 你会为了讨好别人而打扮吗？	0	1
26. 你勉强自己做许多不愿意做的事吗？	0	1
27. 你任由他人来支配你的生活吗？	0	1
28. 你认为你的优点比缺点多吗？	1	0
29. 你经常跟人说抱歉吗，即使在不是你错的情况下？	0	1
30. 如果在不是故意的情况下伤了别人的心，你会难过吗？	0	1
31. 你希望自己具备更多的才能和天赋吗？	0	1

续表

项　目	是	否
32. 你经常听取别人的意见吗?	0	1
33. 在聚会上，你经常等别人先跟你打招呼吗?	0	1
34. 你每天照镜子超过三次吗?	1	0
35. 你的个性很强吗?	1	0
36. 你是个优秀的领导者吗?	1	0
37. 你的记性很好吗?	1	0
38. 你对异性有吸引力吗?	1	0
39. 你懂得理财吗?	1	0
40. 买衣服前，你通常先听取别人的意见吗?	0	1

【评分方法】

按照表格中你选择的选项中相应数字相加即得出总分。

【测验结果分析】

25~40 分：说明你对自己信心十足，明白自己的优点，同时也清楚自己的缺点。不过，在此警告你一声：如果你的得分接近 40 分的话，别人可能会认为你很自大、狂傲。你不妨在别人面前谦虚一点，这样人缘才会好。

12~24 分：说明你对自己颇有自信，但是你仍或多或少缺乏安全感，对自己产生一定的怀疑。你不妨提醒自己，你的优点很多，要特别强调自己的才能和成就。

11 分以下：说明你对自己信心不足。你过于谦虚和自我压抑，因此经常受人支配。从现在起，尽量不要去想自己的弱点，多往好的一面去想；先学会看重自己，别人才会真正看重你。

这里还要特别说明一下，这个自信测试结果只是参考，如果需要比较系统地了解自己的自信程度，还必须从多方面进行综合自我评估。

2. 比较一下，看看你自信吗

上面的自信程度测试基于经验总结，有一定的局限性，所以这里再给大家介绍一种方法，通过自我现实状态的描述来了解自己的自信程度。为了能够给大家一个清晰的印象，下面通过自信与不自信的表现对比列表进行比较，看看你自己是不是一个自信的人。

自信与不自信的表现对比列表

自我能力评价、表现	自信	不自信
个人自信心表现	我和别人交谈的时候能够面带微笑地完整、清晰表达自己的观点； 我总希望在工作学习中被委以重任和接到新的任务； 我在打电话或者写一个重要文稿时喜欢临时发挥； 我经常主动给同事或者上级提意见； 我经常很享受别人称赞的感觉，觉得别人的称赞是对自己的认同	在与别人谈话时我经常说话声音很小，吞吞吐吐，以至需要对方重复询问，并且不敢正视对方； 我平时不喜欢出风头，总是喜欢跟着大家走； 我在打重要电话前总要先打好腹稿或者草稿，并反复练习； 我在做决定的时候，经常表现出犹豫不决； 别人称赞我时，我总觉得不自在，有愧疚不安感
对外貌的看法	我对自己的外表总体比较满意	我经常为自己的平庸外貌而苦恼

续表

自我能力评价、表现	自　信	不自信
社会地位	我相信身边大部分人都喜欢我	我是一个经常被大家忽视的人
对学习能力的看法	我能够轻松应付各种考试	我常担心自己的成绩比别人差
对工作能力的看法	工作中我总能够轻松应对，即使遇到困难，我也觉得一定能够想方设法解决它	我接到工作任务总感到紧张，总是先设想自己不能够完成任务的后果
对自己综合能力的看法	我很少怀疑自己的能力	我常觉得自己没有其他人能干
与父母的关系	我和父母的关系较好； 当我表现不开心的时候，父母总会询问我； 父母愿意听我的意见	我总觉得别人的家庭关系比我的好； 我很少和父母分享自己开心和不开心的事情； 我常常觉得父母对我有很多不满意的地方
与朋友的关系	遇到有问题时，我可以找到朋友倾诉或帮助； 我的朋友不开心时，会找我倾诉； 当我发表意见时，朋友都尊重地倾听； 我认为我可以帮助朋友解决问题	我常常觉得朋友对我有很多不满的地方； 在朋友圈中，做决定的通常不是我； 别人的友谊总是比我的好； 我常常感到被人排挤，例如，其他人不想和我在一起

续表

自我能力评价、表现	自 信	不自信
在工作中的关系	我感觉上司非常赏识我，经常在公开场合表扬我； 我的同事都比较愿意与我一起完成某项工作； 每次公司组织集体活动时，大家都喜欢推举我做代表	我觉得在上司眼里，我是一个被忽略的角色； 同事不是十分喜欢与我一起工作，虽然平时在一起也没有大的冲突； 我在公司的集体活动中经常缺席，或做看客

三、找回自信心

一个人是否有足够的自信心是他人生成败的决定性因素，现实生活中许多人在做事的时候往往缺乏自信。让自己充满自信，不仅能够让我们的事业如鱼得水，也能够让我们的人际关系和谐美满。

建立自信心，我们可以从以下几个方面着手：

1. 来点小自恋

拥有自信的第一步就是要学会喜欢自己，甚至来点小小的自恋。对于我们中国人来讲，历来以谦虚为美德，但实际上这也容易让我们失去自信，往往造成我们自我评价过低。并且我们总是在努力表现自己，总想让他人喜欢自己。然而，如果我们自己都不喜欢自己，又怎么能够让别人喜欢自己呢？如果我们自己都不爱自己，他人又怎么来爱我们呢？因此，对于我们来讲，首要任务是自我修炼，让我们自己来喜欢自己。当然，这并不是要我们陷入过分自恋的漩涡，忽视他人的感受与需要。

2. 找出自己的优点和成就

这也是非常关键的一步，因为我们之所以缺乏自信心，很大程度就是没有能够认清自己，没有看清自己的优点、特长，也忽略了自己取得的成就。当我们知道了自己的优点特长和取得的成就后，我们就可以在自己擅长的领域大胆地说“我行”，也可以对自己说“我也曾经辉煌过”，这是非常提气的事情。

现在就开始，找一下自己的优点，清理一下自己取得的成就，然后逐笔写下来。注意，罗列的时候不要“谦虚”，一定要大胆地把自己的优点和取得的成就列出来。

优点是指我们性格方面的特质或者行为方式。例如：我非常有耐心，我擅长书法，我是一个善于倾听别人讲话的人，等等。

成就指的是我们发挥重要作用的成功事例。例如：我在中学时曾经在全校数学竞赛中得了第三名，我曾经搞定了一个别人无法搞定的客户等。

只要你能够尽量多地罗列出自己的优点和成就，你就会感到前所未有的成就感，至少会感觉自己并非一无是处，感觉到自己的存在价值。

3. 学习记录成功

这是对前面一种方法的补充，也是前面方法的实践版。我们每天往往把成功的事情忽略了，而总是对那些失败的事情耿耿于怀，从而影响了我们的信心。

我们每天可以找出 3 件自己做的成功的事，并且做一个记录。具体做法：找一个小本子，每天像写日记一样记录一下自己成功的事情，也可以不止 3 件。这里成功的事情并不一定是惊天地泣鬼神的大事，关键是我们要抓住每次成功，享受成功的喜悦。例如，我今天起床后弄了一顿让家人满意的早餐，早上开车一路顺畅地到了公司，处理的文件档案没出一次错，约到了公司里繁忙的主管一起打球，等等，这些都是成功。但这些成功往往会被我们忽略，而那一天车堵了半个小时，却会让我们记住，并在公司里“宣传”一番自己的“不幸”。

从现在开始，我们需要注意自己的成功，而不是总是盯着一些负面事件。每天顺利地到达公司，同样要在同事面前“宣传”一下，至少自己要记住这也是一件成功的事情，以便认可自己的驾驶能力，从中获得自信。

4. 注重专长能力的培养

找到自己的优点，肯定自己的能力，都是有效地建立自信的方式，不过有一点，我们还要注重自己的能力培养，这才能让自己真正地建立起有坚实基础的自信。比如，如果我们根本就不会开车，或者开车技术稀烂，这时我们要从中找到自信就非常难了。能力是我们自信的基石，打牢基础才能够真正地筑起自信的高塔，让自己的人生走向辉煌。

能力一般包括学习能力、专业能力、兴趣等多个方面。许多人可能会认为现在社会竞争这么激烈，每个人都在努力学习，想要突出、彰显自我非常困难。但心理学领域有一个“光环效应”，意思就是指在观察某个人时，对于他的某种最明显的特征有鲜明的知觉，从而掩盖了其他特征。我们可以结合自己的优点、兴趣，找一样来加以特别培养、发展，使之成为自己的专长。例如，在专业技术领域，也许门类庞杂，自己只需要重点攻克一点就可能在这个领域崭露头角。实际上，许多成功者的成就大多是在一个非常专业的小领域中取得的。比如陈景润在数学领域的地位是显著的，而大学里的数学教授们也许比他懂的数学理论要多得多，但最终也十分平庸。现实点说，我们至少可以着重培养一下自己的兴趣特长，例如文艺表演，做蛋糕等等都可以，只要做到在公司里、学校里、朋友圈里，一提到这个方面，大家都想起你就够了。这样你的自信也会随之大增。

5. 做点表面文章

我们一直反对做表面文章，要培养内心的涵养，但其实我们的外表同样能够影响内在气质与内心的自信，所以我们也要注意通过自己外表来获得自信。

一方面，人靠衣装，重视自己的外在美。日常的穿戴对我们非常重要，不仅仅给予外界一个印象，而且也在无形中影响了我们对自己的认可度，甚至影响我们的性格特质。例如，一个经常穿衣邋遢的人，别人可能就会认为这个人办事也像穿衣一样不够认真、利落。穿衣，我们不必追求名牌，但一定要整洁得体，符合自己的身份形象。尤其是对于缺乏自信的人，更要穿着一些能够让人感到我们非同一般的衣着，例如鲜艳亮丽的服装。

另一方面，培养自信的仪态。就是说要在举手投足之间，表达自信。这一点前面也谈到过，关键是要我们大胆尝试，贵在坚持。例如，从今天开始，注意培养行走坐卧的姿态，培养微笑的能力，克服一些不自信的小动作。

第三节　接纳自己

一个从贫困农村到城里来上学的女孩子，本来是一个青春靓丽的少女，但她总觉得自己很土，不够漂亮、不讨人喜欢，为此陷入痛苦之中。

一天，她偶尔在商店里看到一个样式非常洋气漂亮的发卡，当她试戴起它的时候，店员和几个顾客都说配着她的长发非常漂亮，于是她兴奋地花了一个星期的伙食费买下发卡。接着奇妙的事发生了，原本少言寡语的她，似乎一下子变得开朗、活泼了许多，平日不太跟她打招呼的同学，纷纷笑着跟她打招呼。

晚上回到寝室，她兴冲冲地把这个神奇无比的发卡的事情告诉了一位好友，准备与她分享这份神奇，可她的好友看了半天也没有看到任何发卡。她吓了一跳，以为发卡丢了，到处寻找，直到沿着那条路找回到商店才发现，原来她付钱后把发卡忘在了商店里。

那个发卡确实太“神奇”了，改变了这个女孩子对自己的看法，从而也改变了别人对她的看法。但我们也看到了改变这个女孩子的并不是发卡，改变她的是一份自尊和自信，一种自我悦纳，而不是从商店买到的商品。其实，我们每个被人际关系障碍困扰的人，都缺少这个“神奇的发卡”——自尊、自信及悦纳自我的勇气。

一、为什么要接纳自己

有这样一项实验，两辆一模一样的汽车，其中的一辆停在中产阶级社区，而另一辆停在相对杂乱的贫民区。停在贫民区的那辆，车牌被摘掉，顶棚被打开，结果当天就被偷走了。而放在中产社区的那一辆，一个星期也无人理睬。后来，用锤子把那辆车的玻璃敲了个大洞。结果呢，仅仅过了几个小时，它就不见了。

在这个试验基础上人们提出了“破窗理论”：如果有人打坏了一幢建筑物的窗户玻璃，而这扇窗户又得不到及时的维修，其他人就可能受到某些示范性暗示的纵容去打烂更多的窗户。现实生活中，我们总会觉得往垃圾多的地方丢垃圾没有受到道德谴责的感觉，而在五星级酒店随手丢垃圾，就可能需要很大的勇气。

把这个理论扩展到我们的人际关系中可以发现，一个失去了自尊，自暴自弃的人，一个不能够接纳自己的人，往往也会被他人当成一扇“破窗”，而不被人尊重与重视，这也是衣衫褴褛的乞丐往往容易被社会忽视，甚至被他人蔑视的原因。也就是说，如果在人际关系中要想让他人接纳自己，想赢得他人的尊重，基本前提就是自我尊重，自我接纳。

进一步深入地解释这个现象，我们需要引进“潜意识”的概念，相信我们对这个概念并不陌生，它是奥地利心理学家弗洛伊德创立精神分析理论中的核心概念。按照精神分析的解释，对于我们人来讲，看似生活在理性、意识的世界中，实际上潜意识主导着我们的生活，意识只不过是露出水面的冰山一角，它的下面是体积庞大的潜意识。在我们的人际关系中，自我接纳之所以会影响他人，起作用的实际上是我们的潜意识。当我们不能够接纳自己时，我们的潜意识就会表现出种种令他人厌恶的行为，进而向他人发出信号暗示：“不要靠近我，我不愿意接受你，我是一个很讨厌的人。”他人收到信号后，自然对我们避而远之。虽然，我们的意识中没有这样想，我们的意识告诉我们，要交朋友，要获得他人的认可，但非常无奈，意识太软弱了，根本无法让我们发出令人喜欢的信号，即使意识强迫我们与人进行交往沟通，往往也非常生硬，最终难以取得好的结果。因此，要想获得他人的认可，让他人接纳我们，必须先接纳自己，让我们的潜意识发出“我是开放的，我是令人喜欢的”这样的信号。这个时候我们才能够被他人接纳，才能够成为一个受他人欢迎的人。

当然，可能有人对这种解读不以为然，这里我们也不用讨论过多的心理学家们喜欢讨论的学术问题，但在精神分析解释中至少有一点值得我们接纳：当我们不想做某事时，会发出讨厌的信号；当我们恐惧的时候，也会发出担心害怕的信号，他人接收到的往往也就是讨厌或者恐惧。而当我们不能够接受自我的时候，同样也会发出自卑与自暴自弃的信号，他人自然不会重视我们，甚至会像打碎破窗的玻璃一样，蔑视我们。

这里“破窗理论”实际上也解释了本节开始故事中那位女孩子为什么戴了一个不存在的发卡后，似乎人际关系变好了，平时那些不愿意理她的人似乎愿意和她打招呼的原因。当她戴了“发卡”后，实际上就处于一种非常自信、接纳自己的状态，神采奕奕，笑容满面，这样的女孩子自然就会引起他人的喜爱。实际上，没有人愿意与一个整日愁眉苦脸、郁郁寡欢的人交往，那些人往往会被当做“破窗”来对待。人们也经常会抛弃，甚至攻击那些把自己当成“破窗”、不能够接纳自己的人。

二、你能接纳自己吗

接纳自己对于我们人际关系有着关键性的影响，接纳自己的程度关系到我们人际关系的和谐程度，因此，了解自我接纳程度对于我们也有着重要的意义。

我们这里先可以尝试做一个小问卷，来看看自我接纳程度如何。

自我接纳程度测试

【指导语】

自我接纳程度测试问卷用以测试我们的自我接纳的总体程度。此问卷共 16 个题目，按照你的理解在相应选项处打钩。

自我接纳问卷

项　　目	非常相同	基本相同	基本不同	非常不同
1. 我内心的愿望从不敢说出来	1	2	3	4
2. 我几乎全是优点和长处	4	3	2	1
3. 我认为异性肯定会喜欢我	4	3	2	1
4. 我总是因害怕做不好而不敢做事	1	2	3	4
5. 我对自己的身材相貌感到很满意	4	3	2	1
6. 总的来说，我对自己很满意	4	3	2	1
7. 做任何事情只有得到别人的肯定我才放心	1	2	3	4
8. 我总是担心受到别人的批评或指责	1	2	3	4
9. 学新东西时我总比别人学得快	4	3	2	1
10. 我对自己的口才感到很满意	4	3	2	1
11. 做任何事情之前我总是预想到自己会失败	1	2	3	4
12. 我能做好自己所有的事情	4	3	2	1
13. 我认为别人都不喜欢我	1	2	3	4
14. 我总担心自己会惹别人不高兴	1	2	3	4
15. 我很喜欢自己的性格特点	4	3	2	1
16. 我总是担心别人看不起我	1	2	3	4

【评分方法】

该问卷采用4级评分，将表格中你选择的选项所对应的数字相加即得出总分，总分在16~64分。

【测验结果分析】

本问卷描述的是对自己的接纳和评价情况。把各项分数累加得出总分，分数越高，自我接纳程度越高。从16分到64分是一个渐变的过程，没有绝对的分界线。

这个问卷测试做完后，可能我们会对自己的自我接纳程度有了一个初步的了解，除了通过问卷了解自我接纳程度，接下来还需要进一步通过自我分析来解读自己是否接纳了自我。

下面介绍一个从行为等多个角度来了解自我接纳的方法，可以通过对照，来了解你是否接纳了自我。我们可以通过行为、抗挫折能力、对成功的反应这三个方面来了解自我接纳程度。

自我接纳程度对比

自我接纳维度	具体维度	自我接纳程度低	自我接纳程度高
行为	行为特征	怀疑，循规蹈矩，谨慎，畏首畏尾	果敢，创新
	周围的人对其行为影响	影响强烈	不受影响
	行动过程	小心翼翼，苛求审慎	大胆快速，灵活多变
	行动之后	“我的选择很糟糕”，等待结果，焦急却不做其他行动	“我的选择有其优点和缺点”，继续为成功而行动

续表

自我接纳维度	具体维度	自我接纳程度低	自我接纳程度高
抗挫折能力	主要特征	对批评很敏感，害怕失败，失败后不行动或行动很少	对批评毫不在意或略微在意，有很强的抗挫折能力，并且在失败后马上做出反应和行动
	失败后的反应	“这全是我的错”，自我检讨，将自己与更好的人对比，妄自菲薄；失败感持续时间长，并进入一种“越失败越妄自菲薄，越妄自菲薄越失败”的恶性循环之中	“这件事情之所以失败，责任并不完全在我”，认为关键不是追究谁的责任，而在于以后如何让事情成功；失败感很快消失
	对社会批评的反应	藏于内心，崩溃，认为自己不可被原谅，不喜爱竞争	外露，接纳他人批评，认为自己的失败可被他人原谅，喜爱竞争
	对自我评价的强化	重点注意消极的信息（例如他人对自己错误的指责），忘记他人的错误	重点注意积极的信息（例如他人对自己错误的理解与包容）
对成功的反应	特征	怀疑，不自信	享受成功喜悦
	成功后的反应	成功后容易陷入自我纠结，认为成功应该归功于他人或者外因作用，成功的喜悦感消失很快	认为成功在于自己的努力，从而更加确定对自己的看法；非常享受胜利的喜悦

这里需要说明的是，这个表只是从我们平时的行为方式和处理事情的方法的角度对自我接纳程度高低进行了一个简单的对比，列举的这几个方面的特征并不一定符合所有人，这只是让我们从中了解粗略的高自我接纳程度和低自我接纳程度。其实，一个人自我接纳程度的影响因素可能很多，评估自我接纳程度需要结合我们的生活经历和性格特征进行全面的评估。这里介绍的两种方法，不是万能的方法，只是一个参考，进行测试，只是希望有一个鞭策作用，无论结果如何，都应该更多地接纳自我，只有这样才能够被他人接纳。

三、接纳自己不是认命

2012 年在伦敦举行的第 30 届奥运会上，男子单打的羽毛球决赛赛场，马来西亚的羽毛球选手李宗伟在领先的情况下，最后却被中国选手林丹以微弱的优势逆转，这已经是李宗伟第二次在奥运赛场败在林丹手下。赛后李宗伟接受采访时说：“我已经做了全力的准备去拼，之前受伤了，在奥运前只有两周的练习机会。五场比赛，每场都是吃止痛药打的。”脖子上挂着银牌，李宗伟眼含泪水的话让外界知道这名老将的不容易。“打球不是胜就是输，没关系，两次拿了第二，但我都做了全力的准备，我自己很满意自己的成绩。”即使输掉了奥运冠军非常遗憾，但是败在强大的林丹手下，李宗伟还是对自己的努力感到满意。“只是关键的时候一路领先，过后输了就很难过，但这是自己的命运，我接受。”李宗伟道出自己落泪的原因。

显然李宗伟最后选择了接受自我，接受结果，并且说这是“命运”，似乎在传递一个接受自我就是接受命运的宿命论信息。的确，这个问题可能困扰了许多人，弄不清接纳自我与服从命运的关系。这里需要澄清的是，接纳自己不是服从命运。

接受命运通常是强调消极“服从”，是一种被动的接受，是在事情发生以后我们产生的一种自我安慰心理，并且接受命运往往只要求我们接受当下已经发生的消极的东西，或者自己的缺点，而不会强调我们去应对未来即将面对的挑战。接受命运往往只是根据事情的结果去盲目接受，是没有经过了解的一种非理性屈服，同时，认命往往与悲观、自卑相关联，更多的时候会让人失去斗志。

接纳自我更多的是积极主动地接受自己的优点与缺点，全面地接受自己的现状，并且努力迎接未来挑战。自我接纳是自我意识的一个重要组成部分，它是指一个人对其自身所具有的所有特征都乐意去了解、去面对，并且无条件地接纳，同时也能认可现实，不会盲目地自傲和自卑，也不会因他人的毁誉而有所动摇。

总之，我们这里谈到的接纳自我是一种心理学意义上的自我悦纳，它是一个人心理健康的重要标准，是我们人生走向成功的驱动力。

第四节 向心理学家学习如何悦纳自我

我们讨论了自我接纳的问题，了解了自我接纳程度，但接纳自己并不是一件容易的事情。当然，我们可能认为天天与自己在一起，接纳自我应该是很简单的事情，只要自己愿意做。是的，只要你真的下决心这样做，就可以轻松地做到这一点，但关键是你愿不愿这样做，你能不能坚持这样做。

一、向森田先生请教，我们应该接纳什么

在心理治疗领域有一种非常著名的疗法，叫森田疗法，是由日本的森田正马教授创立的，其核心就是“活在当下，顺其自然，为所当为”，带着症状生活在当下。这为我们接纳自我提供了一个基本的指导原则：接纳当下的真实的自我状态，并与这个状态一起工作、学习和生活。下面我们从森田的“活在当下，顺其自然，为所当为”三个角度来解读自我接纳。

在森田疗法中，有一个重要的原则：不问过去，不预设未来，只注重当下。它不像前文提到过的弗洛伊德的精神分析治疗理论那样希望从过去的经历中找到问题的原因和解决办法，并且也不去预设以后应该怎么做，而是只注重当下“我”的状态，当下“我”要做什么，怎么做，这种方式也被称为“现实原则”。这种注重当下的“现实原则”启示我们接纳自己，接纳当下的自己，而不要总纠结于过去曾经不完美的自己，或者总担心将来可能出现的坏结果。实际上，我们之所以产生人际关系障碍，就是因为总是活在过去或者未来世界中，没有面对当下的自我引起的。过去的失败或者创伤经历让我们耿耿于怀，认为那种现象现在仍然在威胁当下的生活，并且还去想象未来也

可能遭遇同样的失败。其实，我们仔细分析可以发现，这两种担心都是没有任何依据的“想象”，当下我们受到的威胁，实际上都是“想象的威胁”。

在人际关系中，我们并不是不能够接纳自己，而是不能够接纳自己的缺点，或者不能接纳自己的不正常症状，从而处处要求自己表现完美。在完美主义主导下，导致了我们越是要求完美，越是可能在人际交往中遭受重创。

森田告诉我们，接纳自己，首先要做的是顺其自然，顺应当下的自然状态，而不是试图克服自己的不足或症状。面对自己的不足或者症状，不是用理性分析克服，而是承认其存在，不与其对抗。例如，我们在与人交往的过程中经常出现口吃现象，我们要做的不是翻书或者找专家进行分析，解决这个问题，而是承认自己的口吃，接受这种症状存在，因为，往往越是想克服口吃，就越是会加重口吃。

森田所奉行的是黑格尔的观念，即“存在的就是合理的”，它类似于中国老子的“道法自然”的哲学，认为自然而然才是真理。如果我们一味地试图去否定或者与自己当前已经存在的缺点或症状对抗，往往是越对抗，缺点或症状就越严重。并且我们对抗自己当前已经存在的不足或症状的方式往往是理性认知，但它有时候在我们生活中的作用非常有限。比如，明明知道面试的时候紧张会影响面试结果，但这并不能让你面试时不紧张；越是想不要紧张，反而越是紧张。所以，根据森田的启示，我们接纳自己首要的就是接纳自己当前的缺点或症状，与其自然而然地相处，而不是总想着如何摆脱它。

在森田疗法中还有一个重要的观念就是“为所当为”，指我们在顺其自然的状态下去做事，去做自己能够做的，不做自己不能做的。在我们的工作、学习和生活中有我们主观意志可以控制的东西，如端茶杯喝水这个行为，也有我们意志不可控制的东西，如我们喝水时厌恶、喜欢、激动、恐惧的情绪状态。为所当为，就是要我们控制可以控制的事情，不要试图掌控那些不能够掌控的东西。例如，对于一个有着异性交往恐惧的人来讲，他关心的应该是与异性交往这件事，而不是交往的恐惧状态，虽然这种恐惧症状会影响交往这件事，但我们目前只可控制的是交往的行为，并不能控制恐惧情绪状态。与其做无意义的试图克服恐惧的事情，还不如把注意力集中在与异性交往这个行为本身。并且，与异性交往这个行为过程，其实并不是一个无意义的过程，其本身就是一个消减自己恐惧情绪的过程。在这里森田告诉我们，接纳自己的行为与接纳自己的状态同样重要，接纳自我，并不是单纯地接纳自己的现状，它还是一个与自己的缺点或症状一起工作、学习和生活的过程。这个过程中应该做自己能够掌控的、有意义的事情，而不做不能够掌控的、无意义的事情。

【案例】

小楠一直是个比较乖巧听话的女孩，性格虽然不算十分外向，但也基本能够和同学们打成一片。不过，进入高中以后她忽然变得少言寡语，不愿意与同学们交往了，尤其不愿意与男生交往，与男生或者男老师交往时就会出现面红耳赤、说话语无伦次、手足无措的症状，后来连面对自己的父亲都局促不安，性格也变得敏感多疑，焦急万分的母亲把她带到了心理咨询室。

经过心理咨询师了解，小楠进入高中后开始住校，同寝室的同学经常叽叽喳喳地谈论许多青春期的事情。小楠的发育比较晚，胸部一直比较平，大家就经常开玩笑地说她是“太‘平’公主”。对于这些玩笑话，当时她也打打闹闹的似乎无所谓，但过后小楠一直耿耿于怀，总是十分担心自己的胸部发育问题，为此找了很多相关的资料，甚至偷偷跑到整形医院去咨询，准备手术治疗。母亲知道这件事后曾经带她到医院询问过，医生说发育属于正常范围，不必担心，但小楠总觉得医生在欺骗她，仍然不能摆脱对自己身体发育问题的担心。

显然，小楠出现的异性交往的恐惧症状来自于她对自己身体发育的不自信，或者过分的担心，这种担心实际上就是一种对自己目前状况的不接纳。如果我们按照森田疗法进行解读，小楠陷入了过去同学们打闹开玩笑时的调侃的“创伤”之中，想走出这个阴影，小楠首先要接纳的是两个事实，自己当前的胸部状态和自己当前恐惧异性的状态，另外她还需要尝试将自己袒露在异性面前，至少不要回避，并允许自己与紧张不安的状态在一起。

二、与萨提亚一起冥想：接纳自己

萨提亚是当前非常流行的心理治疗方法萨提亚疗法的创始人，在萨提亚治疗中，十分重视自我冥想的使用，在自我冥想中完成治疗，自我也在冥想中得到接纳。自我的冥想是一项非常有效的接受自我的方式，正像萨提亚本人所讲的那样：通过冥想获得的感悟，可以帮助我们确定和巩固这样一个事实：我们是神圣而又卓越的个体；我们具有学习能力；我们是被人爱的、值得别人爱的，而且也能够爱别人；我们每个人都是生命的见证，而我们的生活就掌握在自己手中。这里把萨提亚冥想介绍给大家，通过不断的实践练习，将促使我们走入自我的世界，让自己真正地与自我在一起，最终通过一种非理性的手段接纳自己。

1. 冥想是怎么回事

中国有个成语叫“苦思冥想”，“冥想”实际上就是用力地想的意思。我们介绍的冥想有类似的含义，但又不是我们通常所理解的冥想。

所谓冥想，就是停止知性和理性的一种改变意识状态的形式，简单地说，就是将意识集中于内在心灵，而达到“忘我”状态的一种内心自律行为。当然，这里的“忘我”并不是一种无意识的所谓“通灵”状态，而是一种在我们的意识中激发潜意识的活动，通过获得深度的平静状态而增强自我认知和良好的生命状态。通俗点讲，冥想，就是在幽静的环境下进行深层想象，就是用我们的想象力来调节心身，缓解压力的一种方式，并无超凡脱俗的神秘之处。这种修养身心的方式在瑜伽、禅学以及心理治疗中都已经得到了广泛应用，它是对生活在钢筋水泥和铁皮塑料之下，整天处于紧张快节奏生活中的人们的身心的一种按摩抚慰，也是清除我们身心“灰尘”的清洁剂。

下面对冥想的准备和实施过程进行一些简要介绍：

冥想环境选择：进行冥想，首先要求的是一个宁静的环境，这个宁静不是说没有任何声音，而是一个不被打扰、能够让我们进入深思的环境。这个环境可以是室内，例如清静的书房或者安静的卧室，不会被人打扰的办公室；也可以是室外，例如海边，幽林深处。其次，冥想时，我们必须暂时脱离这个纷扰的现实世界，中断一切通信联系，例如关掉你的手机和电脑，在这段时间避免任何干扰。当然，这些条件也并非绝对，对于熟练者来讲，车站、公交车、礼堂、办公室等，处处都是他进行冥想的场所。

冥想的姿态：我们经常看到的冥想姿势就是盘腿而坐，双手自然垂膝，僧人以及练习瑜伽者都经常使用这种姿态进行冥想。实际上，我们可以灵活一点，不用拘泥于这一种姿势，关键是让自己能够坐得舒服。

冥想的时间：冥想没有固定时长，长则像达摩老祖面壁 10 年，短则几分钟，但最新的研究表明，对于普通非专门修炼人士而言，15 分钟左右是比较合适的时间。

实际上，关键不是我们冥想多久，而是冥想时是否达到了预期效果，冥想是不是完全让我们进入到了一种自我接纳状态，是不是在与自己内心进行交流。就像我们的睡眠一样，衡量睡眠好坏不是时间的长短，而是睡眠质量的高低。一般来讲，初练冥想者以自己保持思想集中不被打断为准。另外，冥想的时间实际上不是刻板的，而是一个动态的过程。刚开始进行冥想练习时，我们可以时间短点，例如几分钟，然后慢慢地加长，可以到 45 分钟左右。

下面简单介绍一种常用的练习冥想的办法——呼吸冥想，以便我们对冥想练习有一个准确了解。

这种冥想方式是最常使用的冥想练习方式，与我们平常所说的“深呼吸”（也称之为腹式呼吸）方法相似。它要求我们专注于当下呼吸，以便清除掉其他的杂念，进入冥想状态。具体的方式如下：

（1）闭上双眼，把注意集中于呼吸，别紧张，保持一种轻松自然的样子。

（2）让呼吸的感觉全部占据你的意识，无论你聚焦于鼻孔还是腹部，都把对呼吸的感觉作为焦点。不要从鼻孔又转到腹部，反之亦然，选择一个焦点并坚持之，让注意力随呼吸而转向全身，可以让它在所选位置上不断重复。

（3）如果你在计数，那么呼第一口气时默数1，第二次数2，第三次数3，一直数到10；然后往回数，从10开始，一直数到1，如此循环往复。倘若在计数过程中走了神，那么，回到1，从头开始。

（4）当各种想法出现时，既不要随着它走，也不要赶走它，不论其内容如何，均不要判断其“好”或“坏”。只把注意力集中于呼吸，不要聚焦于想法，让它出入你的头脑，既不追随，也不阻止。

（5）冥想过程结束后，慢慢从座位上站起来，在你从事各项活动时，保持住冥想过程中体验到的平衡意识。用你意识呼吸的方法去努力意识周围的所见所闻，不要急于将它们概念化，不要急于对它们下结论，也不要急于脱离冥想。

2. 萨提亚自我接纳冥想

除了呼吸冥想练习外，通常我们还可以通过冥想词引导，来进行冥想训练。

关于萨提亚自我接纳冥想词，这里需要特别说明一下，我们完全可以不拘泥于此处给出的冥想词，以自己方便实施冥想并能够达到较好自我接纳效果为宜。另外，冥想词许多地方还需结合自己的实际情况，把人物和事件具体化。例如，“自己”也可以用自己的姓名来替代；“窘迫痛苦的生活状况”你若认为不妥，也可以改为“平淡无趣的生活状态”，等等。当然，对于大多初涉心理学的人来讲，最好还是先模仿，再创新！

我们在进行冥想的时候可以先配上一段舒缓的音乐，以舒缓的语调朗读冥想词，并且录音，然后在进行冥想的时候播放，这样可以促使自己在潜意识层面完成自我接纳。

下面让我们一起来朗读一段萨提亚自我接纳冥想词：

我正在努力做到更好，但我不要求自己十全十美
我接受不够完美的自己
我不必事事要求完美
我已不需要做出取悦他人的样子
我已不再整天关注“别人会怎么看我”
我已不再为他人而活
我已不再为面子而活
我接受当下我真实的样子
我活出自己真实的状态
我已不再内疚和批判自己
我已不再与别人斤斤计较
我开始学会了爱自己
我可以做我自己

我满意我自己
我生活在真实的世界里
我接受：
　　我还有恐惧不安
　　我还有怨恨
　　我还有情绪

　　我无法接纳×××(具体人名)

　　我无法原谅×××(具体人名)

我接受了我自己

我正在让自己变得接纳、开放

我正在努力敞开我的心扉

我不必和别人比较

我接受这样的我

我已经被负面的念头掌控了（?）年

我已经被负性情绪掌控了（?）年

我决定把它们当成垃圾一样丢弃掉

我人生的幸福就是无条件地接受自己

我爱此时此刻的自己

我爱我的每一部分

我爱我的某个缺陷（自己的一个生理缺陷，如小眼睛）

我爱我的某个优势（自己的一个生理优点，如高鼻梁）

我爱我的某个缺点（自己的一个性格缺点，如自私）

我爱我的某个优点（自己的一个性格优点，如善良）

我接受窘迫痛苦的生活状况

我接受生活安逸快乐的状态

我不再认为自己无能

我可以在他人面前表现我的无能

我可以在他人面前表达我的情绪

当我伤心的时候，我是可以悲伤的

当我生气的时候，我是可以愤怒的

当我有话要说，我是可以表达的

我忠于我的感觉，不再压抑掩饰，不再自我欺骗

我不需要扮演全能战士

我可以在×××(妻子/丈夫) 面前表现得软弱

我可以在×××(孩子名字) 面前承认自己的无知

我接受现在的我自己，我接受这样的我自己

我不再处处防卫，不再封闭自己

不论过去我的内心多么阴暗，都不影响当下我有一个纯洁的灵魂

过去的污浊丝毫不影响我未来的纯洁

我需要被他人爱护

我的内心充满了能量和爱

我无所畏惧

我接受不够完美的自己

我接受了不完美的别人

我的所有亲戚朋友都是有缺点和弱点的

我接纳了自己的不完美，也接纳了他人的不完美

我相信一切都是最好的安排

我接受全部的我自己，我无条件地爱我自己的每一部分

我已经让以前的自我支配掌控了（自己的年龄）年

从这一秒开始，我已经改变了

我的世界里充满了宽恕、理解、祝福

批判、期待、控制、攻击都在离我远去

我已经不再要掌控一切

我正努力地爱着自己，也爱着世界

这段冥想词足够长，对我们十分有帮助，只要坚持练习，相信对我们见到一个真正的自我，接纳一个真正的自我非常有益。如果说前面的森田疗法中的自我接纳问题还是靠理性解读完成的话，这里的萨提亚冥想则是用一种非理性方式完成自我接纳，更多的是靠直觉的力

量与自己接近。

一个人的心理健康与否，有一个重要的指标，那就是他能不能接受自我，能不能悦纳自我。每个人都有优点和不足，关键在于你自己如何看待，既要看到自己的优势，树立自信心，也要了解自身的弱点，认识到没有人是完美的或是万能的。只有客观、全面、愉快地接受自我，做到自我悦纳，才能够为更好地接纳他人打下基础，才能够更好地处理人际关系。

第五章

克服人际关系障碍，从“我”做起

接纳自己实际上是为了能接纳他人，克服人际关系障碍，但是要真正走出人际关系障碍的阴霾仅仅接纳了自己远远不够，我们还必须在实际行动中调节自己的身心，最终建立起和谐的人际关系。

第一节　自我暗示的力量

一、自我暗示效应

心理学家曾经做过一个试验，他们在受试者的皮肤上贴一片湿纸，并告诉他们说这是一种具有特殊功效的纸，能使皮肤局部发热，要求受试者用心感受那块皮肤的温度变化。几分钟过去之后，心理学家将湿纸取下，受试者被贴处的皮肤竟然变红了，而且摸上去还有点发热。其实，那只是一张普通的湿纸。

显然，这些被试者受到了心理学家的暗示，才产生了一系列的身体反应。准确地说，这是一种自我暗示。

暗示是我们工作、生活中一种常见的心理现象，我们或者被别人暗示，或者暗示别人，或者在自我暗示，它几乎充斥了我们的全部生活。例如，我们看到的铺天盖地的广告会对我们的消费心理产生非常大的暗示，或者你不信，或者你讨厌那些广告，但它们仍在暗示着我们。正像一位哲学家比喻命运时所讲的那样：“相信它的跟着走，不相信它的被拖着走。”

那么，暗示究竟是怎么回事呢？所谓暗示，就是暗中指示，指人或环境以不明显的方式向他人或自己传递出某种信息，他人或者自己又在无意识中受到其影响，并做出相应反应的一种心理现象。比如上面提到的广告，就是非常典型的一种诱导信息，也许我们不会注意电视中一闪而过的某条服装广告，但我们在购买衣服时往往会在无意识中受到那条广告的影响。暗示实际上就是一种被主观意愿肯定了的假设，无论这种假设有无充分的根据，但由于我们在内心已经认可它的存在，所以心理上便试图与这个假设相一致。最明显的例子就是上面那个试验，被试者主观上认为这种湿纸一定可以让他们局部发热，所以他们也在“努力”使自己的皮肤符合这个结果。

通常情况下，暗示分为他暗示和自我暗示。

他暗示，就是指一个人受到外界的影响，而使自己的心理或者行为发生改变的心理过程。例如，上文试验中的湿纸和心理学家的引导语言，就是一种外界的影响，被试者最终皮肤“被烫红”，就是由于这种外界信息引起的。

自我暗示，顾名思义就是自己给予自己以暗示，是自己通过观念、语言等方式，改变自己的思想、行为的心理过程。在这个试验中虽然表面上看不出自我暗示的痕迹，但实际上所有暗示都是一种自我暗示，因为他暗示都是在自我暗示基础上实现的，试验中所有的信息最终都是通过转化成了被试者自己的观念，从而最终实现暗示的，也就是说他们最终被暗示，是因为他们深信神奇的湿纸的“功效”。

关于这一点，催眠过程能够更好地进行解释。催眠实际上就是一种暗示术的应用，在这种暗示术中看似是催眠师在催眠他人，实际上是被催眠者在催眠自己，是一种自我催眠。如果没有自我催眠，再好的催眠师也不可能让他人进入催眠状态。

所有的暗示实际上都是一种自我暗示，所以暗示本质上就是一种“自我”的心理活动，我们之所以会受到暗示，也与“自我”息息相关。众所周知，在我们决定做一件事情的时候，“自我”会首先判断我们的需要和现有条件，然后做出一系列的判断，并最终做出决定，但如果这个过程中我们的信息不够充分，或者我们自身不够自信，就会求助于高于自己理性的自我信念或者外界权威，以便为我们的判断和决定找到充分的依据，这时暗示就会产生。例如，上面试验中的被试者不知道湿纸是否真的有神奇功效，他们只能够相信权威的心理学家所说的话。既然相信了，就要努力让自己的行为和信念与权威的信息相一致，所以，他们让自己的皮肤“变红”、“发热”。

如果这种过程没有外界权威的参与，那么就是一个靠高于理性的自我信念来获得判断和决定依据的自我暗示过程。这个过程中自我信念有两种倾向：一种是正面的信念，构成了积极自我暗示；另一种是负面自我信念，构成了消极自我暗示。例如，我们在攀登一座高山的时候，如果始终有坚定的必胜信念，就可以获得一种积极自我暗示，能够让我们产生巨大的能量，最终登上山顶。而相反，如果攀登一开始，我们就认为自己根本不能够登上山顶，产生消极自我暗示，那么自己的身体状况可能就会变得疲惫，很难完成登顶。

面对人际关系障碍也是一样，如果处处进行积极的自我暗示，就会获得克服人际关系障碍的力量，反之，则可能加剧人际关系障碍反应。

二、摒弃消极自我暗示

那些有人际关系障碍的人，通常认为自己的人际关系不行，在与他人交往中会出现恐惧，不敢与人交往，甚至认为自己是一个有心理障碍的人。这实际上就是给自己贴上一个人际关系障碍的标签，而这个标签就是对自己人际关系的消极自我暗示。

【案例】

林朔与吴莉莉结婚已经有7年了，有一个可爱的儿子。两人的工作单位都还算不错，家境比较殷实，但最近却一直在闹离婚。

自结婚以来，林朔与妻子就经常为鸡毛蒜皮的小事争吵不休，苦恼的他们又都不愿意放弃这么一个家庭，彼此也感觉还爱着对方，为此还接受过心理辅导。心理咨询师对他们的性格特征和家庭结构进行过系统的了解，并没有发现严重的症结。每次辅导后两人的关系可以好转一段时间，然而，不久，他们的争吵和纠纷就依然如故。

今年是他们结婚的第七年，他们的矛盾似乎升级到了极点，甚至开始打架，林朔还出现了婚外情现象。林朔坚决要与妻子离婚。被折磨得痛苦不堪的吴莉莉，又走进了心理咨询室。

经过心理咨询师的详细了解，发现了问题所在。林朔一直是一个相信命理并十分固执的人。他认为属鸡的自己和属狗的吴莉莉肯定相克，是鸡犬不宁。并且，他一直相信夫妻之间有七年之痒，所以结婚第七年他自己也觉得夫妻矛盾在升级。

林朔夫妻之所以闹离婚的原因似乎是夫妻经常吵架和林朔出轨等，但探究深层原因，我们发现其实是一种消极自我暗示在捣鬼。林朔从一开始就为自己与吴莉莉的婚姻贴上了一个“不和”的标签，这个标签贴上后，他们的婚姻实际上一直受到了消极的自我暗示，磕磕绊绊到了第七年，婚姻“七年之痒”的消极自我暗示使林朔维系婚姻的力量削弱到了极点，最终导致他们的婚姻走向破裂边缘。

心理学家研究表明，婚姻关系的好坏取决于两个人的性格、信念系统和夫妻之间的相互信任程度，还有双方家庭背景状况等，和属相、命理并无直接关联，也与“七年之痒”之类过去经验总结的俗语无直接关系。当然，如果说有关联，也是一种间接关联，通过敏感者，或者信奉者的生活理念加以心理暗示，贴上标签后，从而影响到夫妻关系。

不仅仅夫妻关系如此，其他人际关系也是如此。任何时候，只要带着负面标签生活，就会导致我们不断地进行消极自我暗示，这种消极自我暗示会逐渐削弱我们的意志力，抑制我们积极向上的信心，让我们变得沮丧、自卑。对于人际关系障碍而言，我们一旦贴上这种人际关系障碍的标签，就会让我们越来越自卑，我们的人际交往恐惧和人际回避程度也将越来越严重。实际上这种现象在心理咨询师那里经常遇到，在心理咨询过程中经常会遇到一些来咨询的来访者，开口就说：“我是一个社交恐惧症患者，已经有3年了……”；“我有异性恐惧，每次与女生交往就脸红、结巴、出汗……”这里我们不难发现，这些人其实已经给自己贴上一个牢固的人际关系障碍的标签，在这种标签下，他们不断地强化自己的人际关系障碍症状，不断给自己有心理障碍的消极暗示，在持续不断的消极暗示下，任何缓解心理障碍的方法都是徒劳的。

【案例】

26岁的小吴性格内向，文静腼腆，在一家IT公司从事董事长助理工作，但最近她不得不请假在家休息。

一个月前，公司召开年度总结大会，董事长在开会前两天突然通知小吴让她主持会议。虽然小吴已经工作两年了，但登台主持还是第一次，所以，她非常紧张不安，想推脱，但看到董事长非常器重自己，不好意思驳董事长面子。她当天就熬夜完成了主持文稿，第二天又对着镜子进行了大量的练习。

大会在雄壮的音乐声中开幕。小吴走上了台，但面对一百来号人，她突然感到极度紧张，浑身发抖，口舌发干，脸色发白，竟然站了半分钟一句话也没有说出来，最后只结结巴巴地说了一句“××软件公司——2010年，年度总结大会开，开幕，请董事长讲，讲话”，便狼狈下台。

平时小吴工作十分认真，人缘也比较好，因此虽然当时也有几个人哄笑，但最后大家还是报以热烈掌声给予了鼓励。会后，董事长也再三安慰了她。但从此以后小吴就一直怀疑自己患有口吃病，只不过以前没有发现。她越是这么想，就越是感觉说话越来越不利索了。最后，她连正常的工作交谈都难以顺利进行，痛苦不堪的她变得少言寡语，几乎不与他人说话。董事长和其他同事对她进行过几次开导，但收效甚微，最后董事长不得不让她回家休养一段时间，并且建议去医院看看。

这个案例中，小吴第一次面对公众做主持，出现了一系列紧张反应，包括口吃，实际上是很正常的一件事情，属于正常的演讲恐惧，一般情况下会随着练习次数的增加逐渐消除。她之所以后来一直被口吃困扰，就是因为她给自己贴上了一个“口吃”标签，在这个标签的诱导下进行了反复的消极暗示，原来好好的语言表达习惯被“引导”成了真正的口吃。小吴要想克服自己的“口吃”症状，首先要揭掉“口吃”的标签，摒弃所有消极的自我暗示，把原本正常的自己当成一个正常人对待。

像小吴一样，要克服其他人际关系障碍，首先要做的也是揭掉贴在自己身上的人际关系障碍的标签，摒弃消极自我暗示，只有这样我们才能迈出解决人际关系障碍的第一步。当然，这里的揭掉标签并不是要我们掩耳盗铃，对自己所有的症状视而不见，而是要我们客观认识自己的人际关系障碍，不要片面强化其痛苦面，不要用消极自我暗示来强化自己的焦虑感与恐惧不安，要用森田式的态度来接纳自己的表现，用积极的自我暗示取而代之。

三、利用积极自我暗示克服人际关系障碍

前面我们曾经谈到过罗森塔尔效应，那些被心理学家指认为天才，并且此后“果真”成绩优秀的学生之所以变得自信，实际上都受到了一种积极的暗示。在心理医学界，经常会使用安慰剂治疗的方法，来处理许多身心疾病，疗效非常明显，这种方法的基本原理就是积极自我暗示。同样，我们的人际关系障碍也可以利用积极自我暗示来克服。

关于积极自我暗示，实际上我们并不陌生，我们上一章提到的冥想就是一种积极自我暗示方法，还有呼吸放松、自我催眠等等都是一种利用积极自我暗示来缓解内心焦虑、恐惧的方法。这里，再介绍几种克服人际关系障碍的积极自我暗示态度、方法。

1. 书写人际关系梦想板

我们的人生要有理想，同样我们的人际关系也要有理想，但这一点恰恰被忽略了，我们的头脑里往往充斥着许多人际纷争，杂乱的人际关系，或者根本就没有人际关系概念。我们可以尝试着书写一个人际关系梦想板，有可能的话将这个梦想板贴出来，每天看看自己的人际关系目标，不断进行积极强化。在记录梦想或者目标的时候，可以写成文字，也可以画成图画，最好的方式是让它印到自己的大脑里边，当然，最初需要写或者画出来。这里，可以针对你自己的具体人际关系障碍，制作相应的梦想板。例如，如果你有异性恐惧，可以针对自己的情况，制作一个梦想板（见梦想板2）。

参考一下示例，便于我们知道自己该写什么。

【人际关系梦想板1】

家庭：我与家人在一个风景秀丽的景区旅行度假……

工作：我与同事一起坦诚、兴奋地讨论着重要项目……

朋友：我与朋友在酒吧开怀畅饮，大家嬉笑怒骂，无拘无束……

陌生人：我与一个陌生人轻松地交谈……

……

注：这里边你可以不用全部都写出来，可以选择其中一部分项目，也可以增加自己认为需要改善的人际关系项目。

我的人际关系梦想板

（1）________________________________

（2）________________________________

（3）____

____

（4）____

____

【人际关系梦想板2】

我不再对异性恐惧，我与自己的女友（男友）在沙滩上沐浴着阳光，相互依偎，谈论着我们的未来美好生活……

注意，梦想板只写出来或者画出来根本没有用，关键是我们每天要对自己进行一个积极自我暗示。每天静下心来读一遍，用心品味一遍，有可能的话，在每次与人交往前过滤一遍自己的人际关系梦想。

我的人际关系梦想板

（1）____

____

（2）____

____

（3）____

____

（4）____

____

2. 觉察负面情绪，进行积极自我暗示

赵本山的小品《我想有个家》中，赵本山饰演的赵英俊面对征婚对象前出现紧张情绪反应，他的解决办法就是默念“不紧张”，最终闹出“我叫不紧张”的笑话。这说明我们在面对恐惧、焦虑、紧张情绪时，依靠单纯的“不紧张”之类的自我暗示根本不能解决问题。

在人际交往过程中，我们经常会产生恐惧不安、焦虑紧张等剧烈的情绪反应。在情绪反应的发生过程中我们需要的不是对抗，不是消除这些情绪，而是要学会森田式的接纳。情绪是我们最忠实的朋友，它最能够体现我们当前的状态，所以我们不要试图与自己的情绪对抗，对抗只能得到适得其反的结果。

例如，我们面对公众进行演讲时产生了强烈的恐惧、焦虑情绪，这时我们要做的不是像赵本山那样默念“不紧张”，而是让自己继续恐惧，学会与自己的恐惧在一起。其实，我们恐惧、焦虑、紧张的根源就在于自己不能接受自己的恐惧，越是“拒绝”恐惧，恐惧就越是纠缠我们。想要真正地接受自己的恐惧情绪，克服人际关系障碍，关键就是觉察，觉察当下的状态，然后才有可能缓解恐惧和焦虑情绪。

在与人交往的过程中，我们要学会与自己对话，可以尝试进行如下觉察当下的练习：

> 我在恐惧、焦虑、紧张……这是我生命的一部分，我和这种状态在一起……
>
> 我不责怪你：恐惧、焦虑、紧张……因为你也不会真正伤害到我……
>
> 我看到了自己的囧状，四肢发抖、冒汗、口吃……这个样子太囧了，但我仍然和自己的囧状在一起……
>
> 我允许自己演讲时紧张不安……
>
> 我在恐惧、焦虑、紧张……一切仍然秩序井然……
>
> 我在恐惧、焦虑、紧张……太阳（月亮）依然悬挂在天空……
>
> 我在恐惧、焦虑、紧张……川流不息的大街上，公交车载满了人，在穿梭……

我在恐惧、焦虑、紧张……草丛里的爬虫在奋力爬行……

我在恐惧、焦虑、紧张……怨妇仍在骂街……

……

注意，这里边的词语你可以根据自己的实际情况进行灵活的修改，如果你觉得太多，一条就够了，但关键是经常进行练习，让它谙熟于心，让这种信念转换成为你的积极自我暗示。

除了积极自我暗示训练外，我们需要做的还有防止消极的自我暗示。在我们进行人际交往时，往往会产生强烈的恐惧感，这种恐惧是对恐惧的担心，也就是害怕自己出现恐惧反应，这种暗示我们应该警惕，下面列举几个：

不紧张，不紧张……

我这次一定不能恐惧、焦虑、紧张……

我如果恐惧、焦虑、紧张，一切都完了！

哎呀，怎么搞的，又开始恐惧、焦虑、紧张了！

……

除此之外，在实际工作生活中，我们经常被其他一些消极自我暗示包围，我们需要警惕这些消极自我暗示对我们生活的破坏作用。

我实在不行。

大家都不喜欢我。

我的婚姻太不幸了。

我的孩子太不争气了。

……

第二节　自我投射

自我投射实际上是我们工作生活中几乎每天都会遇到的一种心理现象，只不过我们不知道这是自我投射，而在用“己所不欲，勿施于人”、“以小人之心，度君子之腹”之类的词语称呼它。我们的人际关系障碍的产生与自我投射密切相关，所以，我们要解决人际关系障碍问题，也必须从自我投射入手。

一、以己度人——自我投射效应

苏东坡与僧人佛印是好友，两人经常一起参禅、打坐。一天，苏东坡对佛印说：“以大师慧眼看来，吾乃何物？”佛印说：“贫僧眼中，施主乃我佛如来金身。”苏东坡听朋友说自己是佛，自然很高兴。他见佛印胖胖的，就想打趣他一下，笑曰：“然以吾观之，大师乃牛屎一堆。”佛印和尚听苏东坡说自己是“牛屎”，并未感到不快，只是说：“佛由心生，心中有佛，所见万物皆是佛；心中是牛屎，所见皆化为牛屎。”苏东坡听后心中大呼吃亏。

佛印巧妙地利用了投射效应回击了苏东坡，当然，他肯定不知道现代心理学意义的投射效应，但却深知其中的道理。所谓投射，就是将自己拥有的想法、感受、特质或行为归于他人的心理过程。投射效应也就是一种“以己度人”的心态，我们通常喜欢将自己的个性、好恶、欲望、观念、情绪等心理特征归属到其他人身上或强加于他人，认为自己的某些特性，他人也一定会有。

在处理人际关系时，人们常常理所当然地认为他人与自己具有相同的性格、爱好等，常常认为别人理所当然地知道自己心中的想法。我们经常说的“以小人之心，度君子之腹”实际上就是一种投射效应的表现。例如，影视剧里边那些“坏人”，经常都是心狠手辣、爱算计别人的，但他们又经常惶恐不安，担心别人害自己，因为在他们看来，其他人也一样的心狠手辣，想着算计别人。正所谓，“君子坦荡荡，小人长戚戚”。

【案例】

23岁的李凯从某大学软件学院电子信息工程专业毕业已经一年，目前仍然待业家里，不愿意工作，为此父母十分着急。上大四时，李凯曾经在一家软件公司实习，由于表现突出，公司愿意让他毕业后继续留下。但是，年轻时一直热衷当官的李凯的爸爸，强烈要求他去考公务员，到政府部门工作，这样既能够光宗耀祖，同时也可以为家里打通一些门路。尽管李凯多次向父亲解释自己对公务员这一职业没有兴趣，十分想在心仪的公司从事软件开发工作，但父亲根本听不进李凯的解释，并骂他翅膀长硬了，就不听话了。

为此，李凯陷入矛盾和纠结之中，不知道是应该选择自己的理想职业，还是按照父亲的想法考公务员。最后，无奈的他选择了参加公务员考试，但由于考试前一场重感冒，没有考上。从此，他似乎再也不愿意想工作的事情，一直待业在家，以上网打游戏耗费光阴。

这是非常典型的中国式教育的悲剧，许多父母总是喜欢为子女规划未来，考大学的时候帮他们选择专业，毕业后又帮他们选择工作，到结婚年龄了替他们“包办婚姻”。面对子女的反抗，父母经常苦口婆心地说：我是为你好。虽然对于父母而言这里边有着一种关心成分，有着一种事关他们自己的未来生活幸福与否的成分，但他们更多的是一种以己度人的想当然心态在作怪，也就是投射效应在支配着他们。父母经常有意无意地把自己的想法和意愿投射到子女身上，他们喜欢的人，以为子女肯定也喜欢；他们讨厌的东西，认为子女肯定也不喜欢。

案例中李凯的父亲非常典型，他想当然地认为他想当官，儿子也一定想当官，即使儿子现在不愿意当官，也是因为他不懂其中的道理。从这个案例我们可以发现，中国的许多父母其实也是在让子女完成自己未完成的理想，而这种观念的最终症结就是以己度人的投射效应。

投射效应不仅让父母和孩子之间产生了人际矛盾，在处理其他人际关系时由于我们总是倾向于想当然地认为他人也是如此，这就影响了我们正常地对他人的评估，让我们的思维固化，从而产生一系列的恐惧不安。要进一步了解这种现象，解决人际关系障碍问题，我们还需要引进另一个心理学的概念——投射性认同。

二、以人度己——投射性认同

【案例】

小伟是一家广告公司的设计师，其广告设计技术精良，但不愿意与人沟通交流，有什么事情总喜欢憋在心里。他来自一个贫困的山区农村，经过努力考取了一所重点大学，毕业后应聘到了这家广告公司，工作后收入不错，但他仍然省吃俭用，在同事眼里显得非常小气。

公司的前台晓娟也是一位来自农村的姑娘，家境同样不是很好，平时对钱也非常看重，但她却一直觉得小伟作为男子汉这么抠门非常“掉底子”，所以一直不太喜欢小伟，和小伟的关系比较冷淡。下个月晓娟就要和一位公司高管结婚了，一天中午吃完饭后，晓娟大声在公司宣布："我下个月要结婚了，谁都不能缺席呀，红包不能包少了，更不要做一毛不拔的铁公鸡，谁如果不去，小心我天天在公司签到表上把他签成'铁公鸡'……"当时，大家都哈哈大笑，但小伟听了这句话却感到非常不舒服，脸上火辣辣的，无心工作，他总觉得这是在讽刺自己。

公司大多数同事都认为晓娟说的是一句玩笑话，而小伟却感到非常不舒服，这是因为他产生投射性认同的心理反应。

什么是投射性认同呢？前文谈到过投射问题，投射性认同是投射心理的另一种表现。如果说投射是一种"以己度人"的心理的话，那么投射性认同就是一种"有无亏心事，都被鬼叫门"的心理，或者说是"以人度己"的心理，简单地说就是对投射的认可。如果用书面语言解释，投射性认同就是将自己的某些想法、感受、特质或行为投射到他人心里，此人便被认为的确具有这些东西，并会做出相应的回应的过程。

就投射与认同的关系而言，认同是投射的基础、平台，也是投射的目的，而投射就是为了完成认同这个目的，通过人际互动，接受投射者被迫认同被否认的部分，认可这种投射。在上面的案例中，晓娟实际上就是一个投射者，她把自己不能够接受的吝啬观念投射给了小伟，而小伟则是一个被投射者，他认同了晓娟的投射。

投射性认同的过程，通常是一个人把自己身上所具有的"坏"的东西投射给另外一个人，如果他的投射被他人认同了，投射者就变成了一个"好"人。在人际关系处理过程中，投射通常表现为对他人的挑剔、抱怨、嫉妒、崇拜、赞美、依赖。案例中的晓娟对小伟进行投射，这种投射获得了小伟的认同，并产生了不舒服等一系列的认同反应，而这种认同则让晓娟成为了一个不吝啬的"好"人。

投射性认同现象在日常生活中像投射效应一样经常遇到，当一个人对他人过分挑剔、抱怨、嫉妒、崇拜、赞美、依赖时，其背后往往是一种对自己的不认可。我们经常看到一些所谓成功人士、强者，他们在他人面前会表现得十分坚强，并且还喜欢去讽刺、攻击那些弱者，认为弱者无能力，理应受到被社会抛弃的待遇。一旦我们挖掘他们的背景就会发现，这些人实际上都经历过许多苦难，或者曾经是一个被社会伤害过的“弱者”。他们现在变得强大了，为什么不同情弱者呢？是因为他们充满了对弱者状态的恐惧不安，通过对弱者的攻击，可以把这种恐惧不安投射到社会中去，以便让自己变得更加坚强、更加安全。这里也进一步解释了我们在第二章中提到的面子问题，为什么有许多暴发户爱面子，他们也就是通过面子，来展示自己的强大，来遮盖自己的内在的自卑和脆弱。

其实，投射就是人的一种自我防御机制，它能帮助我们缓解难以忍受的焦虑不安情绪，只要我们能够觉察到它，就不会被它左右，既不会总是试图盲目地把自己的“坏”东西投射出去，也不会被他人投射过来的东西射中，轻易认同他人的投射。在处理人际关系障碍的时候，我们需要对投射以及投射性认同进行觉察，不让他们支配我们的人际关系，为扫清人际关系障碍打下基础。

三、你以为你以为的就是你以为的吗

（一）认知偏差的产生

最近看到一本非常有意思的书：《你以为你以为的就是你以为的吗?》。这是一本关于逻辑思维的书，但从这个书名，可以让我们联想到由于自我投射而造成的在人际关系障碍中的认知偏差问题。前文谈到了投射和投射性认同，这些心理现象都是造成我们认知偏差的原因，也是我们在处理人际关系时产生障碍的一个重要因素。在面对人际关系障碍时，只要我们正确地处理了认知偏差，可以说就基本克服了人际关系障碍。

【案例】

刚20岁的小英因为一直困扰的心理问题不得不休学在家，为此她非常苦恼，父母也非常着急。

小英出生在一个比较保守的农村家庭，他们家在当地属于一个传统的大家族。父亲是当地小学的民办教师，对她的学习抓得特别紧，对她的行为要求也特别严格，从上小学开始就不允许她独自与男生接触，并经常教育她女孩子要特别注重自己的行为，不要太张扬。

由于父亲的精心培养，她以优异的成绩考上了一所重点大学。到了大学，她好像进入了另一个世界，她既感到新奇，又感到胆怯，所以处处谨小慎微。大学二年级时，一次体育课课间休息，大家做集体游戏，要求组成二人小组，由于她当时行动缓慢，最后只剩下了她和另外一名男生没有组对，这时其他同学就开始起哄了，说他们是“天作之合”。面对这种场面，她顿时感到面红耳赤，表情特别不自然，十分尴尬。那位男生倒是很大方地伸手主动邀请她。虽然当时勉强做完了那个游戏，但事后一连几天她都感到寝食难安，总觉得当时自己一定被许多人耻笑了，那个男生一定在私下里和其他人到处宣扬当时她的“难看”表情。

后来，她发现自己经常会莫名其妙地担心别人看见她面红耳赤、不自然，特别是在与男生接触的时候，更是感到紧张不安。她逐渐变得孤僻了，经常独来独往，更不敢与男生接触，每次不得不与男生近距离接触的时候，总是感到脸红、心慌冒汗、焦躁不安，并且认为自己面部表情扭曲，特别难看。甚至后来，在教室或者其他场合，只要看到有男生在小声讲话，她都会认为是在议论她的表情。她已经无法集中注意力学习，不得不休学回家，尽量避免与他人接触。

这里，小英表现出了对异性的恐惧，同时也伴随着脸红等症状。在寻找她这些社交障碍症结时，不难发现，实际上她的恐惧来自于认知偏差，这些认知偏差的产生除了她的教育成长原因外，还有一个关键因素就是自我投射。这里边的自我投射因素，就是一种“以己度人”和“以人度己”的心理过程。她总是感到在异性面前表情十分尴尬、不自然，她想当然地认为他人也一定有这样的感觉，甚至煞有介事地认为他人会议论她，这显然是一种“以小人之心，度君子之腹”的心理过程；同时，她只要看到男生私下讲话，就认为别人在议论她，这显然是一种“杜撰”出他人投射，然后进行再认同的表现。

小英在人际交往中的这些自我认知偏差产生的心理过程，就是“我以为我以为的就是我以为的”的思想观念在作怪。要解决自我认知偏差，就要改变这种思想观念，我们要问问：“你以为你以为的就是你以为的吗?”这并不是一个简单的观念问题，而是我们克服人际关系障碍的一个重要的实操方法，需要我们行动起来，去大胆地寻求结果，然后得到“你以为你以为的就是你以为的吗”这个问题的答案。

（二）克服认知偏差的唯一路径——事实求证法

在人际关系障碍中，阻碍我们行为的就是观念。不管是赤面恐惧还是演讲恐惧、社交回避，我们之所以产生恐惧、焦虑、紧张的情绪反应，就是因为我们认为他人一定是在嘲笑、讥讽，甚至在威胁着我们的安全。这种恐惧往往是由于我们过于敏感的神经造成的一种假象，也就是我们坚信自己想象的东西就是事实。这时候如果我们能够大胆地揭露事实，自己的想象幻影将不攻自破，恐惧、焦虑、紧张情绪也自然会得到缓解。例如，上例中对异性产生了恐惧的小英，如果能够大胆地去求证一下他人是不是真的那么看她，那些窃窃私语的男生是不是真的在议论她，她的困惑自然会得到解决。

当然，这个问题说起来容易做起来难，一个处于人际关系障碍困扰中的人大胆走出去求证自己的想法正确与否，是一件需要极大勇气的事情，也许要克服的障碍比人际关系障碍本身还要大。但难度大不等于不能做，我们可以采用一系列的循序渐进的方式逐渐打开自己，来求证事实。

下面以小英为例进行介绍：

（1）确立求证对象。

将自己想象的观念进行罗列整理，尽量详尽，把求证的对象具体化。

我认为那位和我一起做游戏的男同学在耻笑我，私下议论我；

我认为在校园里经常有男生私下议论我的表情；

我认为在上课时有几个男生经常嘲笑我尴尬的表情；

……

（2）对对象求证难度进行排序（由低到高）。

第一位：最初和我接触的男生；

第二位：班里某位议论我的男生；

……

（3）确定求证的策略。

一般情况下，我们直接去问他人是否讥讽、耻笑自己，往往得到的不是真实答案，因此，我们需要确定一定的求证策略。

向那位与自己一起做游戏的男生求证时，不要直接问是不是耻笑我了，而是询问他当时的感受……

（4）进行求证。

在求证的过程中，要由易到难，依次递进进行，对于很难直接求证的对象，可以采用通过他人间接求证的方式进行，

直接向那位男生求证，间接向班里同学求证。
通过自己同寝室的同学询问他当时的感受。

（5）记录求证结果，进行结果对比。

与自己一起做游戏的男生的求证结果：当时也很紧张，感到尴尬不安，但出于男士风度，还是坚持让游戏继续进行。与你一起做游戏非常愉快，感觉你虽然有些紧张，但后来越来越放松了，希望我们以后能够成为好朋友……

我们知道，这里的确有“站着说话不腰疼”之嫌。但无论你怎样评价这种方法，还是真心希望你去求证自己的想法，哪怕你先怯生生地走出一小步，相信都会有巨大收获。相信事实胜于雄辩，任何认知训练、逻辑训练面对的事实都是苍白的，所以，只要你行动了，就一定能够找到他人真实的看法，而不再“以己度人”地把自己的内心不安投射到他人那里，想当然地认为他人也一定会这样那样看自己。同时，只要我们勇敢地向他人求证，我们自己捏造的那个投射性认同也会不攻自破。另外，这个过程不仅可以求证自己的想法是否符合事实，并且也可以训练与他人交往，一石二鸟。

第三节　修炼当下的力量

在开始这个话题之前，我们先回顾一下前两节的内容。自我暗示实际上就是过去固有的认知对我们的潜意识的影响，它告诉我们，过去的固有观念对我们的人际关系有着重要的影响；而对自我投射以及克服人际关系认知偏差的了解让我们领悟到了一个道理：尚未发生的，我们想象的，不等于事实。通过前两节的探讨，我们发现，既不能总生活在过去的固有观念之中，也不能总生活在一种自我想象的未来世界里，我们要回到当下真实状态。只有回到当下状态，我们才能够更好地面对真实的自我，面对真实的他人。

一、活在当下的麻雀

一只小猫发现很多麻雀在吃粮食，就去追赶。麻雀无动于衷地坐在那儿吃食，直到猫跑到一定距离才飞走。麻雀反应迅速，瞬间从吃食到飞开，而一旦飞到树枝上，便又会马上安静下来，好奇地望着树下张牙舞爪的小猫。它们不会站在树上因刚才的恐惧而浑身发抖，也不会忧心忡忡担心这惊险的一幕会再现。

对于麻雀而言，过去的事情已经成为过去，未来的威胁还没有到来。麻雀生活在此刻，与周围环境（包括潜在威胁）和睦相处，它们只对此刻，而不是对已经发生过的或将要发生的事做出反应。然而，对于我们人来讲，自认是拥有智慧的高等动物，却往往对过去和未来耿耿于怀，反而忽略了当下的状态。其实，未来对于我们是遥远的未发生的，过去是已经过去的发生过的，当下才是我们的真实生活的全部，这就是对活在当下的一种状态的解释。

可能有朋友会疑惑：我们难道不是活在此时此刻吗？我们没有活在当下又是活在哪里呢？其实我们大多情况下理解的活在当下的状态，往往只是一种身体意义上存活在当下的状态，而我们的生命却是由精神和肉体组成的，精神是统帅我们生命的灵魂，我们的精神往往很容易被过去或者未来的观念支配，很少能够进入当下状态，很少能够与当下的自己在一起。比如我们经常用“吃着碗里瞧着锅里”来讽刺那些贪婪的人，但实际上我们经常活在这样一种状态：当我们吃午饭的时候，心里却想着赶快吃完饭睡觉，或者在抱怨饭菜这么差，而不是与吃饭这件事情在一起。这样我们一顿饭吃下来，竟然不知道饭菜的味道，这就是一种活在未来与过去的状态。正因为我们总是活在过去或者未来的观念世界，所以造成了我们对自我的理解，对他人的认识产生了许多偏差，这些偏差造成了我们的人际关系障碍。

我们的人际关系障碍最主要的情绪反应就是面对他人时的恐惧不安，而这些情绪状态实际上是一种在以前经验基础上对未来未知状态的恐惧不安。我们恐惧担心的实际上并不是当前和自己交往的这个人或者自己所处的社交情形，而是一种根据自我已经有的观念对曾经发生过的事情的恐惧，也是对可能产生的结果的担心。如果我们能够像麻雀那样活在当下，就不会产生那么多恐惧不安。

例如，对于一个演讲恐惧障碍的人来讲，他恐惧不安的并不是当下他的演讲过程本身，而是能否演讲好这个结果，而其实演讲的最终结果和自己是否担心这个结果没有直接关系，它只与在演讲的过程中是否能够充分发挥能力、技巧有关。在演讲前，我们的经验和观念会告诉我们：“如果演讲得不到听众认可，我就会非常痛苦，这个结果也会非常惨，一切都完了。以前许多人都是这样的，由于没有演讲好，而造成了极大痛苦，所以我这次如果不能够演讲好，也一定会造成痛苦。”在这种观念的支配下，对演讲的担心和恐惧就自然萦绕在我们的头脑中。要想有效克服这些担心和恐惧，我们就要让自己回到当下状态。就演讲恐惧而言，活在当下，就是我们只专注于当下演讲状态，而不是让自己沉浸在过去的经验和一个还没有发生的结果之中。

当然，我们并非永远不关注结果，也不是永远不让自己焦虑担心，例如在进行演讲准备时，我们应适当关注结果，从而让自己产生适度的焦虑，在适度焦虑状态下才能够获得准备演讲的更大驱动力，为我们进行演讲做好充分准备。其实这个准备演讲的过程，也需要一种活在当下的状态，这种状态就是要充分调动自己的能量进行充分准备，从某种程度上讲适度焦虑不安也是当下状态的一部分。在演讲过程中的当下状态也是如此，演讲过程中并不是要我们绝对心无杂念，与纯粹的演讲状态在一起，那只是一种非真实理想状态，或者是一种佛家修行的空无状态，真正生活中的当下状态是一种有着适当焦虑不安的状态，只有这样才能够让我们的生活充满动力，才能够让我们的潜能得到充分发挥。在演讲过程中，适度紧张不安会让我们更加集中注意力，达到完全投入到演讲中的效果。

总结一下，活在当下，既非一种今朝有酒今朝醉的生活状态，更不是及时享乐当下的人生观，而是体悟和珍惜现在的幸福与美好，是一种感悟觉察状态，这种状态也就是一种“正念”状态。

二、正念——当下的实践

有施主问一位禅师：“修行的最高境界是什么？”禅师很平淡地回答：“饥来即食，困来即眠。”这位施主不以为然地反驳道：“一般人每天都是如此，这有何特别之处？”禅师莞尔一笑，摇摇头说：“很特别！修行人吃饭的时候就是吃饭，睡觉的时候就是睡觉；而一般人该吃饭的时候，不好好吃饭，心里想东想西；该睡觉的时候，不好好睡觉，总是百般烦恼。”

禅师拥有活在当下的智慧，这种智慧在禅修里边是一种正念方法。正念原本是一种禅修方式，后被引入西方，形成了一种非常有效的心理治疗方法，目前已经被广泛使用。

何为正念？所谓正念，就是有意识地觉察，活在当下，不作判断。正念是通过有目的地将注意力集中于当下，不加评判地觉知一个又一个瞬间的体验，而涌现出的一种觉知力。实际上正念并不是一个概念，而是一种活在当下的实践，是一种对活在当下的状态的实践。如果不具正念，我们所做的事便是不自觉条件反射式的行为；如果缺乏正念，我们的生活便是被过去的经验所驱使的惯性的生活。

例如我们的吃喝拉撒睡，如果没有正念，可能就是习惯性地为了吃饭而吃饭，为了睡觉而睡觉，就不会如那位禅师那样在吃饭中享受吃饭，在睡觉中觉察睡觉。正念能帮助我们从那种惯性又无知无觉的睡眠状态中醒过来，是一种对我们生命的觉知。从这个意义上讲，正念就是让我们有目的地、有意识地关注、觉察当下的一切，而对当下的一切又都不作任何判断、任何分析、任何反应，只是单纯地觉察它、注意它，与它们同在。还以吃饭为例，吃饭的时候我们就是要与饭在一起，而不是吃饭的时候还想着未完成的工作。

对于我们的生命而言，正念是一种生存状态，在这个状态下我们集中精力于当下身心的每一秒体验，同时，在这种高度的意识状态下，我们的价值评判和理性分析都被我们放置到了一边，我们只关注自己当前的状态。

从人际关系层面上讲，正念是一种有效克服人际关系障碍的方法，能够让我们远离恐惧、焦虑、紧张的情绪状态，可以让我们有效地觉知到自己与他人之间的一种当下存在，而对人与人之间的关系的过去和将来不再关注。当我们不再纠结于过去的经验，也不再关注事情的结果的时候，恐惧、焦虑、紧张自然得到缓解。

例如，对于一个社交恐惧患者而言，他在与人交往前，就会通过以往的经验给自己贴上标签：“我有社交恐惧，与人交往是一件痛苦的事情，但由于这次交往对于我非常重要，所以这次与人交往时，我一定不能恐惧，否则就会有一个非常糟糕的结果。”如果此时我们通过正念方式能够进入一种当下的生命状态，情况就会有所不同。“我是不是恐惧与人交往，这次交往的结果对于我来讲都不是真实的人际关系状态，真实的状态就是在我与他人交往的过程中的自我觉知，例如，我听到他对我讲话了，我觉察到他在生气，我也觉察到我在担心；我感到他非常喜悦，我也觉察到自己的喜悦……”注意：我们觉知到的情绪状态与我们在交往过程之外由于经验产生的恐惧不安情绪不同，这种正念状态下只是觉知情绪，而不是判断、批判。当然，我们有生气等负面情绪存在是我们练习正念之初的状态，我们修炼正念的最终目的是要消除那些担心、愤怒之类的负面情绪状态，达到与真实自我同在的状态。

我们怎样才能进入正念状态呢？其实，对于我们大多凡尘人间的人来讲，正念状态离我们的实际生活还是比较远的，要达到这种正念的当下存在状态，需要经过有意识的练习，虽然我们不必像出家僧人那样“专业”，但也必须通过一定的方法进行训练。在心理学领域中，正念疗法作为一种非常重要的治疗方法，同样需要我们进行专门练习。正念疗法就是通过正念训练的方法以达到正念状态，从而疗愈身心的方法。正念训练对我们来说并不陌生，像呼吸、静坐、冥想等都是常见的正念训练方法，另外，身体扫描、正念饮食、正念运动等等也都是常用的正念练习方法。这里介绍几种自我正念训练方法供大家练习体悟。

1. 正念训练的基本原则

将全部注意力集中于现在，强调活在当下；

对当下的情绪、观念、想法不作任何评判，让其保持自然存在状态。

2. 正念练习举例

（1）身体扫描。

所谓身体扫描，就是按照从头到脚或从脚到头顺序逐个扫描并觉知自己不同身体部位的感受，旨在精细觉知身体的每一个部位。身体觉知能力的增强可以帮助人们处理情绪，同时把注意力从思维状态中转移到对身体的觉知上来。

a. 先找个舒适的位置坐下或躺下，当然你也可以站着，然后闭上眼睛，调整呼吸，使自己达到较放松和集中注意力的状态。

b. 逐步进行身体扫描：

手部扫描：感受当下手部的温度和形状，不要刻意地去握手或者让手呈什么状态……

手臂扫描：感受手臂肌肉的状态，可以屈伸手臂感觉它的存在……“我的肌肉有些酸痛”，或者“我的肌肉十分放松”……

肩膀扫描：感受肩膀的状态，感受肩膀连接着身体和胳膊的感觉……

颈部扫描：感受颈部的存在，它连接着头部和躯干……“我的颈部有些酸痛”……

头部扫描：感受头部的存在……“我的太阳穴有点疼”……

脸部扫描：感受脸部的肌肉，分别扫描额头、眼睛、鼻子、嘴唇、舌头的存在……

胸部扫描：感受胸部的感觉……“我的胸部因为呼吸而起伏”……

腹部扫描：感受腹部的存在……“我的腹部随着呼吸在起伏”……

背部扫描：感受背部感觉……“我躺在软绵绵的床上，背靠着松软的床垫，感觉十分舒适”……

腰部扫描：感受腰部感觉……“我的腰部微微有些疼痛”……

腿部扫描：感受腿部肌肉的松弛或紧绷……“我的腿蜷缩着”……

脚步扫描：感受双脚存在……“我左脚存在，右脚存在”……

……

c. 这些扫描引导词仅供参考。大家可以依照自己的方式进行编写，包括身体部位也不局限于这些，可以再详细些，例如，可以对身体的脏器也进行扫描，扫描顺序也可以自由调整。总之，不要被条条框框限制，如果局限于某些条条框框就违背了正念的理念。

d. 可以按照习惯的顺序录制引导词，然后再进行播放，在录制的时候可以参考放松训练引导词。当然，如果你比较熟练了，就不必使用引导词了。

（2）正念呼吸训练。

呼吸无时无刻不伴随着我们的生命，但也正因为这种无时无刻的存在，我们往往会忽略呼吸的存在。正念呼吸就是让我们体验呼吸的存在，从而让我们的注意力集中于当下，它是进行正念训练的重要方法。

a. 找一个比较安静的环境，尽量避免声光等方面的刺激干扰，然后，选择一个舒适的姿势，但要保证呼吸比较顺畅，建议使用僧人打坐姿势，然后将你的注意力集中在你的呼吸上。

b. 开始觉察自己的呼吸：

闭上双眼，清空念头和价值评判，让呼吸自然进行，不做任何调整呼吸的动作，只是观察自己的一呼一吸的气息，只是单纯的注意。

将注意力停留在鼻孔上，并觉察气息的出入，体会鼻孔的感觉，体会嘴唇上方、鼻子下方皮肤和汗毛的感觉。

将注意力停留在胸部，感觉呼吸时的胸腔。

这里还可以尝试进一步把吸气与呼气两个动作分开，吸气在呼气时不存在，呼气在吸气时也不存在。

c. 做正念呼吸就是全身心地观察自己呼吸本来的状态，不必去调整或者要达到什么样的目的。每次可以根据自己的感受自由选择时间，不必拘泥于非要达到多长时间不可。

3. 人际关系正念练习

通过上面两个训练，我们基本了解了正念训练的要点，下面就可以尝试进入人际关系正念训练。当然，人际关系是两个人的事情，对于正念这种内观的方法来讲非常难，但我们至少可以在人际交往过程中觉察自己的感受，避免让自己游离于当下之外。

a. 选择一个合适的人作为人际关系训练的对象。开始时可以找比较好的朋友，或者亲人，以便我们能够比较放松地进入正念状态。选择合适的地点，尽量避免过多的干扰。

b. 仔细觉察和他（她）见面前自己的内心感受。例如，“我十分期待、迫切，有一丝兴奋。”注意这时不要过多考虑其他东西，如果注意力被带走到对这个人的外貌特征、语音语调等进行猜想、预设、评判，就马上设法把自己拉回来。

c. 觉察自己在交往过程中的状态。例如，“我看到了一个身穿红色衣服的男人，我听到了一个浑厚的声音”，“我现在产生了快乐情绪”，“我现在感觉到了愤怒”，等等。注意，你可能会受到许多干扰，你会不自觉地产生价值评判或者推理，但这不要紧，只要我们总体能够让自己处于一个当下感觉状态，不被经验和价值评判拉走就可以了。当然，最好的办法是不进行语言交流，只听，不回应，训练自己对他人当下的感觉。

d. 觉察交往过后的状态。例如，“那个人走了，我坐在空空的椅子上，我见到此人轻轻地走开了，我看到他一瘸一拐的身影”，等等。此时如果产生对这次交往过程的成功与否的评判，马上把自己拉回来。

当然，我们也可以选择一个陌生人，随时“私下”进行训练。例如，坐在公交车上，可以随时闭目倾听身边人的谈话，即使谈话内容非常刺激，自己也不应进行任何评判。哪怕许多训练不是系统完整的，我们都要随时随地让自己活在当下的人际关系中，经过长期的练习，我们就可能会得到和谐的人际关系。

4. 其他正念练习

实际上正念训练并没有我们想象的那么神秘，做起来也非常简单，只要你能够领悟正念训练那两个原则，就可以随时随地地进行练习。吃喝拉撒睡等都可以进行正念训练，关键就是需要我们认真地投入去做。例如，我们吃饭的时候，就可以进行训练，主动感觉吃的过程，并留意吃的感受以及我们对吃的反应，一旦发现我们从吃的上面游走了，就有意识地把自己带回到吃的过程中。

第六章

让我们行动起来

“实践是检验真理的唯一标准。”如果说认识自己、悦纳自己以及修炼完善自己为扫除人际关系障碍铺平了道路的话，那么要真正消除人际关系障碍，还必须走出去，面对他人，与他人交往。正如我们学游泳一样，如果说因为没有学会游泳，就不能下水的话，那就永远也不会游泳。而相反，如果不知道如何游泳就下水了，则可能喝几口水就学会了。

第一节　学会接纳他人

如果说在处理人际关系时，接纳自我是良好人际关系的充分条件的话，那么，接纳他人就是一个必要条件。在处理人际关系时，只有两者相互结合、相互补充，才能够真正地建立和谐的人际关系，才能够克服人际关系障碍。

一、接纳他人就是接纳自己

前文谈到过，在人际交往过程中，当我们不能够接纳自己的时候，也根本无法接纳他人，会对他人充满抱怨、嫉妒、愤怒；而我们如果能够接纳自己，则会充满了自信和宽容，自然也能够接纳他人。反过来也一样，如果我们不能接纳他人，对他人充满了抱怨、嫉妒、愤怒，也根本谈不上接纳自己；如果对他人充满了关爱和包容，那么也一定能够接纳自己，使生活充满阳光。

1. 接纳从宽容他人开始

谈到接纳，自然联想到另一个词——宽容，我们可以用“宽容”这个词来诠释接纳他人的含义。正所谓“海纳百川，有容乃大”，我们要学习大海的宽广，懂得宽容、接纳他人。

一位禅师在寺院庭院里栽培了几百盆兰花，讲经说法之余，视兰花为爱徒。有一天，禅师因事外出，吩咐一个弟子代为照顾，这个弟子浇水时，不小心把兰花架绊倒，整架的兰花毁成一堆，弟子非常愧疚，决定等师父回来以后勇于认错，甘愿受罚。

禅师回到寺里，看见花园里的残破景象，听了弟子真诚恳切的忏悔，不但不生气，反而心平气和地安慰弟子说：“我之所以喜爱兰花，是为了用香花供佛，美化寺院，不是为了生气发怒而种植的。生死流转，物相无常，如果迷恋于心爱的事物，执著不能割舍，就不是修禅者的行径了！”

禅师道破了宽容的真谛。我们人生追求的是自由、幸福、快乐，而不是怨恨和抱怨。其实，仔细回味，我们可以发现，在人际交往中我们之所以生气、不安，大多是由于我们没有能够宽容他人造成的，而并不是他人的过错造成的。他人的过错，固然侵犯了我们的权益，甚至威胁到了我们的生存，但这并不是我们报复的理由，更不是我们可以用长时间甚至一生的怨恨来回应的理由。我们没有任何理由让自己陷入痛苦和不平静，虽然怨恨、愤怒有时候可以让我们缓解一时的痛苦，但也肯定会带来内心冲突和压抑。

如何才能做到宽容呢？面对纷繁复杂的人际关系，我们只要铭记一个信条，就可以得到快乐幸福：当我们面对争执与纠结的事情时可以问自己：“我愿意是对的，还是愿意是快乐的？”或者我们把这句话改造一下：当我们受到他人侵犯与攻击的时候，是愿意让他人内疚，还是愿意自己平安幸福？

当然，宽容并不是无原则的容忍，更不是放纵和懦弱，我们也根本不用做到“打我的左脸，我把右脸伸过去”，我们也没有修炼到耶稣基督那样的境界。就现实层面来讲，这里的宽容是指一种接纳他人过错的态度，而不是耿耿于怀，让自我不能够平静安宁，它是一种美德，是幸福快乐的基本条件。

2. 你能宽容他人吗

宽容是对他人的一种体谅和接纳的态度。它的反面是怨恨，怨恨会造成我们的内心冲突和压抑。下面有个简单的小测验，它可以帮助我们判断自己是否一个宽容的人。

宽容程度测验

【指导语】

宽容程度测验可以用来测验接纳宽容他人的程度。共9道题目，请根据自己实际情况，选择“经常”、“有时”、“很少”这三个答案中的一个，在你认为合适的选项处打钩。

项　　目	经常	有时	很少
1. 晚上躺在床上你是否会回想白天与人发生争执的情景？	3	2	1
2. 你是否感到你在家里或学校或公司所付出的努力没有得到回报？	3	2	1
3. 你是否一想起很久以前感情上的伤害就愤愤不平？	3	2	1
4. 你是否认为有必要对伤害你的人进行报复？	3	2	1
5. 你是否特别留意别人是支持你还是反对你？	3	2	1
6. 你会原谅对你态度恶劣的人吗？	3	2	1
7. 你是否嘲笑或贬低与你意见不一致的人？	3	2	1
8. 你是否因为一点头痛、腰痛、脖子痛以及身体其他部位的无关紧要的疼痛就痛苦不安？	3	2	1
9. 同学或同事是否说你过分敏感？	3	2	1

【评分方法】

选择“经常”的得3分，选择“有时”的得2分，选择“很少”

的得 1 分。按照表格中的相应数字相加即得出总分，最高分 27，最低分 9 分，分数越高说明你的宽容程度越低。

【测验结果分析】

9~15 分：说明你是一个宽宏大量的人，很少因为感情受到伤害而烦恼。由于你宽宏大量的性格，你很容易与朋友友好相处。

16~21 分：表明你既不是一个宽宏大量的人，也不是一个容易记仇的人。当你发现自己滋长了有害的情绪时，通常可以在它发生之前就克服它，使你不至于沉溺于无法解脱的沮丧和怀恨的情绪之中。

22~27 分：你可能是一个容易记仇的人，采取不公正的态度是你烦恼的根源。你要学会原谅别人，否则你的身心健康将受到损害。

需要说明的是，这个小测验只是一个参考，不能够作为贴上宽容与否标签的依据，真正的宽容程度需要我们在日常生活中总结与体察，不能仅凭一个小测验就下定结论。下面介绍一个了解自己宽容程度的小方法，大家可以尝试着使用。

在工作生活中，我们每天可以记录下三件让自己不舒服甚至生气的事情，看看自己最终是如何来处理这些事情的。事情无论大小都可以。

今天的三件“倒霉”事情：

▲ 事情描述：今天等公交车，久等不来。

当时的情绪反应：心里暗自骂了该死的公交车几句。

第二天的情绪反应：忘记了。

▲ 事情描述：今天在公司里让同事给我带饭，结果他忘了。

当时的情绪反应：当时非常气愤，埋怨同事不够意思。

第二天的情绪反应：对那位同事还有点小意见，不想和他多说话。

▲ 事情描述：今天在午睡的时候被一阵汽车喇叭声吵醒了。

当时的情绪反应：非常生气，用脏话痛骂了那个按喇叭的人。

第二天的情绪反应：忘记了，但当听到喇叭响的时候，还想骂那个人两句。

注意，记录下来事情后，还需要写下自己当时的情绪反应；然后第二页针对头天发生的事情，写下这一天的情绪反应。

这样一周下来，基本能够对自己的宽容程度有一个全面了解。另外，如果你坚持做了，还可以有着另外的收获，你会发现自己的情绪反应会越来越平静。

二、友谊的力量

在人际关系中，相对于亲情、爱情等其他人际关系而言，友情是最基础，最能够彰显平等、友爱精神的一种关系。

何谓友谊？这里我们已经不用再给它下一个文绉绉的定义了，引用意大利文学家薄伽丘的话来诠释：友谊真是一种神圣的东西，不仅值得推崇，而且值得永远赞扬。它是慷慨和荣誉的母亲，是感激和仁慈的姊妹，是憎恨和贪婪的死敌；它时时刻刻都准备舍己救人，而且完全出于自愿，不用他人恳求。这段话深刻道出了友谊的内涵。我们也可以用一句简单的话来总结一下：友谊就是一种平等的、真诚的、互相尊重的爱。

在我们的人际交往中，无论是面对亲人、同学、同事、恋人，还是面对竞争对手、敌人，只要我们能够让友谊之花盛开，我们的人际关系就会充满温暖和爱意。

1. 友情——亲情的基石

在亲情中我们往往会依赖血缘关系来处理人际关系，实际上单纯地靠血缘处理人际关系，靠父亲的权威、母亲的溺爱来处理人际关系，而缺乏平等、真诚、尊重的关爱，往往会造成人际关系障碍。

【案例】

小慧，15岁，高中二年级学生。由于父母常年在外打工，她从小就跟爷爷、奶奶生活。爷爷、奶奶十分溺爱她，她的要求样样满足，有时做错了事，其他人说她两句，爷爷、奶奶还会全力维护她。初中时她由于贪玩，接触了一些社会青年，班里的同学都不敢得罪她。高二第一学期，小慧因为纠结社会青年和同班同学打架而被学校留校察看一年，如果再表现不好，就会被勒令退学。从此，小慧变得十分消沉，一方面由于受到了学校处分，另一方面是由于找社会青年殴打本班的同学，同学们觉得她可恶，把她孤立了。进入高二第二学期，小慧学习成绩下滑，经常情绪低沉，出现了不愿与他人交往的抑郁症状。

这是一个典型的家庭悲剧，小慧之所以走到这一步，很大程度是由于她爷爷奶奶的溺爱造成的，这种缺乏平等、尊重的无条件的爱，直接导致了小慧以自我为中心的性格特点。孩子毕竟不可能只生活在一个狭小的家庭里，还需要上学、工作，必须融入社会生活中与他人相处、交往、联系。如果在亲情中没有培养出良好的性格，他们的人际关系往往会受到挫折，容易攻击、报复他人；如果对他人的攻击、报复受挫，进而就可能产生人际交往退缩。

现代教育心理学的大量研究已经表明，孩子生活在一个民主、平等、相互尊重的家庭教育环境中，最容易培养出良好的性格特征，在社会中也最容易获得成功。这种环境恰恰是单纯亲情不能够给予的，需要通过友情来营造，因此，在家庭环境中，我们也需要以一种朋友式的关系来处理基本的人际关系，而不是单纯靠亲情。也就是说，在家庭中我们需要和孩子交朋友，这样才能够教育出好孩子。

在家庭中不仅要与孩子成为朋友，与父母、妻子（丈夫）、兄弟姐妹的关系也需要这种平等、真诚、尊重的友情之爱来维护。当然，家庭关系毕竟不是一般的社会关系，有其特殊性，维护家庭关系的时候，也不能单纯地靠友情之爱来维护。例如，孩子还需要父爱、母爱呵护，父母还需要尊敬之爱，但无论什么爱，都需要以平等、真诚、互相尊重的友爱为基础，只有这样，才能够更好地维系家庭关系。

2. 友情——爱情的地基

几乎在所有的人际关系书籍里边都会把爱情与友情并列起来，似乎它们是人际关系情感中一对不能分离的双胞胎。的确，二者是人际关系中密不可分的人际高级情感。爱情一直被人们列为最高形式的人际情感形式，而友情被认为是包含在爱情里面的。但不幸的是，热恋中的人们往往忽略了友情这一点，这也直接导致了大量的爱情最终被激情所葬送，将婚姻送进了坟墓。

实际上，大多数恋人之所以情感破裂，出现关系障碍，并不是我们通常所说的性格不合等原因，而是他们本身忽略了对平等、真诚、互相尊重的爱的培养，把爱情当成了无条件的、一味的付出，或者当成了一种绝对亲密无间的感情关系，一种可以忽略身份、年龄的绝对的爱。事实上，爱情是需要基础的，这个基础就是两个人能够彼此平等、尊重的相互关爱，而这就是友爱，如果没有这个基础，爱情就是海市蜃楼，看似光鲜亮丽，最终只是一个幻影。这也是现代心理学家一致认为门当户对的婚姻才能更加长久的原因。

20世纪，印度学者古普塔等人曾经做过一项有趣的研究。他们访问了很多对夫妻，发现以激情、浪漫爱情为基础而结合的夫妻，婚后5年，彼此爱的情感会逐渐下降；与其形成鲜明对照的是，由家庭扶助安排、建议而结合的夫妻，开始的爱情水平并不高，但是随着时间的推移，他们的感情会慢慢增强，5年后会大大超过因爱而结合的夫妻。

因激情而结合的夫妻，第一年的时候，爱情得分将近70分，第二年到第五年的时候，爱情得分基本持平在70分左右，但从第五年到第十年开始大幅度下降，到第十年的时候爱情指数得分略低于40分。

而门当户对的夫妻，第一年的时候，爱情得分仅仅55分左右，但此后不断攀升，到第五年的时候会逐步上升到将近70分左右，在第五年到第十年间也维系在这个分值附近。

这个研究结果告诉我们，纯粹的爱情只是一个传说，爱情同样需要基础，需要平等、尊重的基础。那些依靠激情和浪漫走到一起的恋人往往缺乏这种基础。现实生活中，任何缺乏基本平等、真诚、互相尊重的恋人关系、夫妻关系，都是无法维系和长久的，尽管他们非常有激情，非常浪漫。所以，这里最后总结一句：成为恋人须先成为朋友。

除了家庭中、恋爱中需要友情外，实际上所有的人际关系都需要以友情作为基础。不管是工作中的同事关系，社会团体中的队友关系，还是在学校里的同学关系，都离不开友情。处理这些人际关系都需要以平等、真诚、互相尊重的友情为基础，否则，我们将可能陷入紧张的人际关系之中。

前面小慧的案例已经说明了在学校中如果以自我为中心，缺乏对他人基本的尊重，是不会收获良好同学关系的。即使面对激烈的商业竞争，面对自己的商业对手，如果我们也以平等、真诚、互相尊重的关爱为基础去做事，我们也同样会得到竞争对手的尊重，大家将会在一种公平坦诚的充满了温暖的环境中进行良性竞争，而不是尔虞我诈的斗争。正像那句经典的格言讲的那样：征服你的敌人最好的方法，是和他成为朋友。在社会中如果我们处处以敌对的眼光来看待他人，我们周围也将处处是敌人。

总之，以平等、真诚、互相尊重之爱为基础的友情是现代社会处理人际关系的基础，不管是亲情、爱情，还是同学情、师生情、同事情、战友情等等，只有建立在这个基础上，才能够更加和谐。在与他人交往的过程中，无论与家人、同学、同事还是竞争对手，都需要我们首先以朋友的关系来对待他人，然后，才是亲人、同学、同事和竞争对手。

三、迈过人际关系障碍的壕沟——沟通

在与他人交往时，我们可能经常会有这种困惑，我们内心深处一片热忱地想和别人成为好友，可大家和你似乎永远没有交情，甚至隔阂很深，见面打招呼时的微笑都是那么僵硬。为什么会这样呢？这时我们就要想一想，我们与他人的沟通是不是出现了障碍？沟通障碍也是人际关系障碍的重要部分，因此，克服人际关系障碍，首先要克服沟通障碍。

（一）学会倾听

在人际沟通过程中似乎每个人都喜欢说话，好像说话才能够占据主动，才能够主导沟通过程。实际上这是一个误解，在人际沟通中懂得倾听的人往往才是主导者。

1. 坚定自己倾听的决心

要懂得倾听，首先要坚定自己听话的欲望，这对于许多人来讲是非常困难的事情，尤其是那些喜欢表达的人，更是困难。实际上会倾听往往是自信的表现，许多时候我们缺乏自信，希望用讲话，通过率先表达自己的观点来占据主动，似乎只有不停地说，才会有安全感。要坚定自己倾听的欲望，必须首先树立沟通交流的自信心，让自己平静下来，耐心地听。当然，缺乏倾听的习惯，也和我们的生活经历有关。我们以自我为中心的习惯不容易改掉。在日常生活中，父母、老师以及其他的权威人士也经常给我们一些误导，使我们无法养成健全的听话习惯。例如，他们传递的错误信息包括："不要理他！""只要你将头转过去，他就不会来烦你"，"他只是在说气话，千万别当真""见人只说三分话，不可全抛一片心"，等等。所以下定决心努力学会倾听，必须建立自信，努力克服旧有的不愿倾听的习惯，这对我们非常重要。

2. 有一颗包容的心

除了下定决心进行耐心倾听之外，我们还必须采取开明的倾听态度。我们倾听的过程中可能会收到五花八门的信息，甚至是让我们无法接纳的信息。例如，当我们和素质较差的人沟通时，可能他会说脏话，让我们感到不适。我们还可能面对许多新的信息，这个时候我们就必须采取包容的心态，而不是拒绝或者驳斥。甚至还要注意倾听不同意见，虚心接纳不同意见，接收新信息。

3. 学会过滤无效信息

前面讲了，信息五花八门，我们首先要采取兼容并收心理包容这些信息，但包容不意味着我们全部吸收。就像一个心理咨询师在进行心理咨询时候，不可能把来访者倾诉的所有的信息都吸收掉一样，我们在日常沟通时，倾听他人说话也需要过滤无效的信息，再进行吸纳非常重要。

4. 集中注意力

倾听的时候走神溜号，是非常忌讳的事情。在人际沟通中，如果一个人经常走神，经常动不动就是“啊”，“你说什么”这种方式和我们沟通，我们会感到厌恶反感。在倾听他人讲话的时候一定要保持注意力，不能溜号。当然，一个人的注意力毕竟有周期，当我们感到注意力不够集中的时候，可以适当的插话，来把注意力收回来。

5. 让对方认为你很在乎他们的看法

让对方认为你很在乎他们的看法，这个非常重要，在这个过程中我们不能单纯地做个木讷的倾听者，倾听的过程中一定要让对方知道你在仔细地听他的话，并且非常在乎他。这时可以借用眼神、手势以及其他肢体语言来进行表达。如果你能让对方认为你很在乎他的看法，就已经成功了一半。

6. 充满热诚地聆听

许多时候，我们总是喜欢以优越或者批判的姿态去听他人说话，这是非常不合适的聆听姿态。可以想想如果他人也用这种姿态和我们来谈话，我们会有何感受，即使对方在竭力掩饰自己这种态度，我们也会感觉到不适。“己所不欲，勿施于人”，在与他人交谈的时候，应该以一种坦诚、充满热情的态度来倾听他人讲话。我们坦诚倾听，也是一种让他人能够获得安全感的，从而能够坦露心声的非常好的方式。

7. 学会察言观色

倾听的时候，除了带上耳朵外，还必须带上眼睛，学会察言观色，看看对方的情绪反应，例如对方的微表情变化，形体语言变化，这些都是了解他人感受的最佳方式，当然，也包括他人的语音语调变化，谈话内容的转换。总之，需要了解他人的变化和内心感受。

8. 学会听话听音

俗话说，“听锣听声，听话听音。”在倾听的时候，一定要学会听弦外之音。这是一个非常重要的技巧，不要只注意对方的表面意思，还要学会听对方的言外之意。例如，你曾借了某人的钱，而当他对你诉说最近非常郁闷，妻子经常因为钱的问题和他吵架，快把他逼疯了时，你要懂得他的弦外之音，可能是在催你还钱。如果你一直劝他要理解妻子，那恐怕就达不到好的沟通效果。

（二）学会提问

沟通过程中，不仅仅要会听，同时还要会问。只有会提问，才能够引导他人说出你想要的信息。

1. 以开放式提问获取对方更多信息

所谓开放式提问，就是一种没有固定预设答案的提问，对方不能用简单的几个字或者一两句话来回答。例如我们经常看到的 5W 问题。例如可以问对方，“你是如何看待这个问题的？”“是什么原因让你……？”“你对自己的工作状况有什么看法？”开放式提问往往有利于我们搜集对方更多更深入的信息。当然，这里需要注意的是，使用开放式提问，需要在建立一定信任的基础上进行，否则对方会感觉你有窥探他隐私的目的，从而对我们产生戒备和反感。另外，也不要一味地使用“为什么”，使用过多，会让对方有被审问的感觉，不利于沟通的进行。

2. 适当使用封闭式提问来探测对方态度

封闭式提问，是指问题有预设答案，他人可以在答案中进行选择，用简短的话语进行回答，通常包含着“对不对”、“是不是”、“有没有”等等这些词语。它一般是在为了探听对方的态度时使用，可以通过这种提问方式澄清事实，获取重点，缩小讨论范围。例如：“你上几年级了？”“你多大了？”注意，封闭式提问通常也不能使用过多，过多了也会让人有被审问的感觉。当然，如果我们能够根据合适的场合，多用这种问话方式，往往可以起到催眠式引导提问效果。下面看看几个催眠式提问例子：

你是要吃饭还是要吃面？（暗示了你一定要吃东西。）

你待会回去的时候是坐车还是打的？（暗示了你一定会回去。）

请看看我们店里哪样东西是你最喜欢的？（暗示了你一定有喜欢的。）

你打算什么时候做这个决定？（暗示了你一定会做出决定。）

你准备什么时候开始更放松？（暗示了你已经处在放松状态，同时你还要继续放松下去。）

你到底爱我有几分？（暗示了你是爱我的。）

3. 学会让对方发表意见

在人际沟通过程中，如果我们想让他人吐露更多的心声，在提问的时候，就应该给他们发表自己观点看法的机会，而不是仅仅让对方阐述一个事实。例如我们在和同事谈论公司的年度大会情况时，如果想让他吐露更多的想法，我们就需要让他谈谈对这次年度大会的看法和意见，而不是仅仅让他说说这次年度大会具体召开时间、地点、参加的人、讲话内容等等这些信息。另外，多让他人发表意见，是一个尊重他人的非常好的沟通方式，让他人感到我们在听取他的想法，我们十分重视他。

4. 要表现出对问题答案的苛求

许多时候，我们也许并没有得到自己想要的答案，所以造成了自己的一种不耐烦，或者急于纠正对方，或者转移到另外一个话题。这实际上不利于沟通的进行。会让他人感到，你对答案不是特别在意，所以他会对你的问题进行抗拒。因此，我们在提出问题之后，一定要保持自己的耐心，让他人有时间来回答，并且表现出我们需要这个答案的样子。

5. 不要问让他人尴尬的问题

有时候，我们会有意无意地问出一些让他人感到尴尬的问题，这给沟通带来了尴尬的气氛，不利于沟通的顺利进行。比如我们有时候会问一些自己特别擅长，而对方比较陌生的领域的问题。这种问题显然会让对方无所适从。例如，如果我们非常擅长文学，贸然地询问他人："你知道莎士比亚……？"可能会让不了解文学的人陷入尴尬，也会让他人感到你在炫耀。所以，当我们不知道对方擅长的领域的情况下，可以进行试探性地询问，然后再进行正式询问。在不知道对方是否了解莎翁的情况下，我们就可以试探性地询问："我听某人说莎士比亚……你了解不了解这个人？"或者干脆直接问一下对方，对文学感不感兴趣，然后再进行交流。

（三）学会回答问题

像提问一样，回答问题在人际沟通中同样需要我们重视，因为这是直接反馈给他人以信息，让他人了解我们的态度和看法。因此，回答问题时应该注意一定要根据情况准确清晰地表达自己的立场、观点、看法。

1. 清晰、有条理地回答问题

许多时候，我们很容易犯这种毛病，回答问题条理不清，让他人找不到头绪，这是回答问题的最大忌讳。所以我们回答问题首先应该从这个角度入手，使自己的回答清晰并且有条理。在回答问题时，我们可以先进行简要的说明，然后再详细的阐述，接着可以进行举例说明，最后对问题的重点进行重复。这样就可以让他人感到我们的回答清晰有条理。

2. 尽量简单地回答问题

言多必失，回答问题时应该尽量简单，不要过多地重复一些无意义的话语，不要长篇大论。例如当对方问你的家乡在哪里的时候，回答是某某地方就可以了，最多附加上一句，家乡的某个特产非常不错，什么时候带给你尝尝之类的话。不要从家乡的历史讲起，然后又谈自己的家族等没有重点的长篇大论。这样既让我们的回答失去了重点，也让听者失去了耐心。有研究表明，当一个人的论述超过45秒时，现场问答就变成了一个人的独白，前面的问题就会被淡化。如果一定要进行长篇大论的解释，我们也许可以用适当的反问对方的方式，来打破自己唱独角戏的场面。

3. 学会应对不能够回答的问题

在人际沟通过程中，对方提出的问题不一定我们都能够回答，这时候就需要有相应的方法来应对。如果我们一时不能回答，那么就可以岔开话题，同时进一步思考回答方法；如果我们根本就不能够回答那个问题，干脆就承认这个问题自己不能够回答，或者引到另外一个话题上。例如，当对方问："你了解这个字的含义吗？"如果我们根本就不了解这个字，就需要承认自己不会；如果是一时想不起来，可以先谈论这个字的含义，给自己留出思考时间。

4. 应该清醒地认识到自己不可能回答每个问题

我们的经历，告诉了我们必须做到有问必答，因此，我们也容易形成这么一个惯性思维，面对问题的时候，总是试图回答。这是一种错误的认识，许多问题我们不需要回答，或者对方也不需要我们回答。这一点我们应该学习外交部发言人的处理方式。他们经常会直接以还没有获得某方面的信息的方法拒绝回答，也可以以反问对方意图的方式来回避回答。

5. 不要被情绪化问题带走

他人在问问题的时候，偶尔会带有很多情绪化成分，我们需要懂得去化解，否则也会被情绪化的问题绕进去，从而造成现场气氛尴尬。例如，如果一个人问："我想请你立即对你们公司这个非常阴险的做法进行一个解释。"此时，如果我们感觉非常委屈，而针锋相对地说，"我们公司哪个方面阴险了？"这就可能造成现场气氛紧张。

6. 了解对方是否理解自己的回答

在许多场合，我们会想当然地认为别人会听懂所有的回答，因为我们觉得那些问题非常好理解。但实际上，由于人际沟通之间的信息差，别人未必能够理解，所以我们需要了解对方是否理解自己的意思。通常我们会用"懂了吗"这类的话问对方，但实际上对方大抵都会下意识地点头称是，其实他们根本没有听懂。此时，我们可以通过准确的反问，要求对方给予清楚的反馈。例如我们可以问对方："你认为这个事情，是否会对公司造成重要打击？"对方的回答即可表明他是否了解你的意思。

7. 不要滥用自己的权威性

许多人为了显示自己的自信，在回答问题前，总喜欢说"你的问题很好"这类的话，这句话实际上并不利于建立平等的对话关系。这类话往往意味着我们是老师，是权威，现在我来回答这个问题是在教你知识。另外，在回答问题过程中还应该避免使用"我以前曾经说过"这类表达，这样也是在表达一种权威的信息。

人际沟通是一门非常庞大的学问，我们不可能在这里穷尽介绍，所以只能列举一些比较有代表性的方法，供大家参考学习。

第二节　与家人成为好朋友

所有人际关系障碍首先都是自己与自己之间的障碍，但所有的自己与自己的障碍都与家庭关系紧密相连，家庭是我们人际关系的缩影。我们可能不属于任何政党和任何团体，但我们不可能不属于家庭。家庭关系是我们人际关系的根基，良好的家庭关系决定了我们的社会关系。

一、家庭的力量

家庭是我们人生动力的一个发源地，也是我们人生的原始驱动器，离开了家庭我们可能面临着无依无靠的孤独，可能感觉被社会所抛弃。家庭的力量是巨大的，每个快乐的人的背后，一定有一个和谐的家庭。家庭对我们的人格形成以及身心健康有着非常大的影响，甚至是决定性的作用。

> 2010 年 10 月 20 日深夜，在陕西省西安市大学城学府大道上发生一起交通肇事引发的故意杀人案，肇事者药家鑫驾车撞到被害人张妙，下车后发现张妙在记自己的车牌号，药家鑫拿出刀子，连捅张妙 8 刀，致其死亡，后驾车逃跑，行至郭杜南村村口再次撞伤行人，被周围目击者发现堵截并报警。此事经媒体报道后，引起了公安部高度关注。
>
> 2011 年 1 月 8 日，药家鑫被西安市人民检察院以“故意杀人罪”提起公诉。3 月 23 日上午，药家鑫案在陕西省西安市中级人民法院开庭审理。2011 年 4 月 22 日，西安市中院一审宣判，被告人药家鑫犯故意杀人罪，被判处死刑，剥夺政治权利终身，

并赔偿被害人家属经济损失45 498.5元。4月28日，药家鑫提起上诉，并提出四点上诉理由。2011年5月20日，陕西省高级人民法院裁定，驳回上诉，维持原判。6月7日上午8时，药家鑫在西安被以注射的方式执行死刑。

这就是曾经轰动一时的药家鑫案。药家鑫的悲剧既是一个典型的社会悲剧，也是一个典型的家庭悲剧。药家鑫的家庭教育非常“成功”：药家鑫考上西安音乐学院，成绩非常不错，并且待人客气，听话，很守纪律。但为什么会出现这种恶性的杀人事件呢？其实这里药家鑫的“成功”家庭教育只是一种知识教育，他的家庭并没有培养出他的健康人格。据药家鑫父母后来陈述，“家鑫4岁时，我们就给他买了钢琴，那时是1993年，同时我们还给他请音乐老师进行辅导，一节课120元。”药家鑫在接受采访时哭诉，小时候父亲逼他练钢琴，练不好会打骂。这就是药家鑫的成长经历一瞥。

实际上，家庭就是社会的缩影，家庭教育是爱的教育，是和谐人际关系的教育，药家鑫失败的根本，就是一种人际关系失败，药家鑫缺失的是家庭的爱的教育。如果药家鑫从小就懂得爱，懂得尊重他人，懂得尊重生命，悲剧绝对不会发生。

这里之所以提到药家鑫事件，不是为了讨论法律道德问题，也不是为了讨论家庭教育问题，而是要表明家庭对于我们的重要性。对于我们每个人来讲，家庭就是一个爱的训练场，在家庭中得到了爱，懂得爱，懂得爱父母，爱兄弟姐妹，爱所有的家人，就能够与家人建立和谐的家庭关系，只要我们有一个和谐的家庭关系，就为我们拥有良好社会关系打下了坚实基础。

在中国，家庭与社会人际关系历来都被认为密不可分，“修身，齐家，治国，平天下”就很好地说明了家庭在人际关系、社会交往中的重要性。同时，中国还讲究一个重要的原则：“老吾老，以及人之老；幼吾幼，以及人之幼。”这就是一种爱家人与爱他人的生动写照。实际上，也只有先学会爱家人，才能够学会爱家庭以外的他人。这一点，恰恰被许多人忽略了，他们认为家庭就是一种亲情血缘关系维系的共同体，不需要讲究那么多的爱。其实，亲情也是爱，是一种血浓于水的爱，缺乏了爱的成分，亲情就无从谈起，也就只是一种干枯的血亲关系。前面谈到的药家鑫案中的药家鑫虽然得到了父母的许多物质支持，许多知识培养，但他缺乏真正的关爱，药家鑫曾经一度出现过想自杀的念头，这就是典型的家庭关爱贫乏的表现。固然他的父母也表示非常爱孩子，但望子成龙的父母从来都是把孩子的“成才”作为目标，“严厉”要求，这种要求导致了教育出来一个钢琴演奏机，而不是一个充满爱的有血肉的音乐人。药家鑫父母的这种爱是一种错位的偏爱，他们给予的爱只是他们自己“想”给予的，并不是药家鑫所渴望的，这种爱往往是自私的，最终害人害己。

家庭中错位的爱害人害己，对于人际关系障碍者而言，沿着这条家庭中爱的线索，我们往往可以寻找内在原因的源头，家庭是克服人际关系障碍的一个主要场所。实际上，每一个人际关系障碍案例，都能够寻找到他的家庭源头，甚至每一个心理障碍都能够在家庭中寻找到根源，这也是大多数心理治疗技术都与家庭相关的一个主要原因。

二、你有亲密的家庭关系吗

家庭能够给予我们力量，拥有亲密的家庭关系，意味着我们拥有充满爱的巢穴，但通常情况下，我们会对自己的家庭关系感到五味杂陈，非常模糊。也许我们感觉有一个比较好的家庭关系，自己与家人的亲密度非常好；也许我们会感到自己在家庭中可有可无，感觉到缺乏关爱；也许会感到自己的家庭关系平平淡淡，无所谓好坏。其实，正是这种模糊的家庭亲密度感觉，让我们忽略了家庭关系，或者说忽略了家庭关系在我们的人际关系中的重要地位。所以，了解家庭关系状况，对于我们非常重要，可以让我们对自己的家庭关系有一个清醒的认知，可以为我们改善家庭关系，和家人成为朋友提供一个重要参考。

（一）家庭亲密度小测验

下面我们进行一个家庭亲密关系测验，看看自己的家庭关系亲密程度。

家庭亲密度小测验

【指导语】

这是对我们家庭亲密程度进行了解的一个测验。下面有 10 个选择题，每一题从可选项中任选一项。

1. 家人常在一起玩吗？

   a. 常在一起玩

   b. 有时在一起玩

   c. 很少在一起玩

   d. 未曾在一起玩

2. 家人常出去用餐吗？

   a. 常一起出去吃饭

   b. 有时候会一起出去吃饭

   c. 很少一起出去吃饭

   d. 未曾有过

3. 家人会一起出去旅游吗？

   a. 经常一起出去旅游

   b. 每年暑假或过年会一起去旅游

   c. 几年前一起去旅游过

   d. 未曾一起去旅游

4. 家事是否由家人共同分担？

   a. 家人共同分担家事

b. 没有特别分担，大家一起帮忙

c. 虽然分担，但很难遵守

d. 几乎全由母亲做家事

5. 家人会在家一起用餐吗？

a. 一定一起用餐

b. 尽可能一起用餐

c. 家人很难一起用餐

d. 分别用餐

6. 会跟小孩一起洗澡吗？

a. 尽可能一起洗澡

b. 有时候一起洗澡

c. 很少一起洗澡

d. 大概没有

7. 家人会聚在一起聊天吗？

a. 晚饭后一定如此

b. 晚饭后尽可能如此

c. 如果没有特别的话题就不会

d. 很少聚在一起聊天

8. 子女回家后会把学校发生的事情告诉父母吗？

a. 不必问他也会主动说

b. 问了以后才会说

c. 不大喜欢说学校的事情

d. 从来不问他，小孩也不主动说

9. 晚餐后通常怎么安排？

a. 家人一起喝茶、聊天

b. 大家一起帮忙收拾餐具

c. 大家一起看电视

d. 各自躲在自己房间

10. 家人的生日怎样安排？

a. 大家一起庆祝

b. 加菜庆祝

c. 没有特别的安排

d. 几乎都忘记了

【评分方法】

该问卷采用4级评分，其中a=4分，b=3分，c=2分，d=1分，算出总分。总分在10~40之间，分数越高，表明家庭亲密程度越高。

【测验结果分析】

34分以上：家人之间的亲密度很高。表明你的家很有向心力，无论做什么事情都很合作。互相之间不必隐瞒，可以自由交谈，和睦相处，是最理想的家庭。在这种环境里，子女可以充分发挥个性。

26~33分：家人之间的亲密度相当高。平时表现不出来，可是一旦有事，家人会团结起来。尤其家人一起出去旅游时，更能够团结。在这种气氛之下，亲子沟通不会有困难。

18~25分：家人之间的亲密度稍差。家庭成员有各自做好自己的事情之倾向，很难统合。家人也很少一起出去旅游或一起出去用餐。除非家人能够更合作，否则子女会很难感受到温暖的家庭气氛，以致会倾向以自我为中心。

17分以下：家人之间的亲密度非常差。家里有各自为政的气氛，仿佛各自独立。因为家人的亲密度差，内心或许感到寂寞。晚饭后很少聚在一起聊天，各自躲到自己房间，这种气氛对子女来说不是很好的。应该增加家人一起谈天的机会，互相合作，分担家事，家人一起出去旅游或用餐，培养良好的家庭气氛。

（二）家庭关系自我描述

进行完上面测试以后也许你对这个测验感觉不是特别满意，因为这个测验可能与你的经验不符合。通常情况下，小测验都只是参考，我们评估一项指标，还需要进行一下自我描述，在这个过程中可以给自己的家庭关系整体状态给予一个判断。虽然自我描述往往缺乏数字程度的支持，但可以有一个比较准确的总体感受。

我们可以尝试从下面几个维度进行家庭关系描述：

家庭结构完整度（标准的核心家庭为结构完整，即夫妻与子女组成的家庭，如果未到结婚年龄，与父母组成完整家庭。丧偶或离异而未再婚，或到结婚年龄一直未婚都为非完整家庭）：__________

____

____

家庭成员关系（包括夫妻关系（没有到结婚年龄的指父母之间的关系），亲子关系（未到结婚年龄者可以描述自己与父母的关系），兄弟姊妹关系（如果有的话）。描述时可以从关系融洽、关系一般、经常争吵或生闷气、关系已达破裂边缘或夫妻分居这些角度进行评价）：________________________________

____

____

家庭生活习惯（可以描述家庭中大多数人生活是否有规律，按时起居，休闲生活内容是否丰富（例如经常一起打球、郊游、旅行），家人是否有嗜烟、酗酒、嗜赌等不良嗜好）：__________

____

____

家庭成员整体健康状况（包括身体健康程度，例如是否有较严重的心、脑、肝、肾、肺、胃等器质性疾病；心理健康程度，例如是否有人患有抑郁、焦虑等心理障碍）：________________

____

____

其他家庭关系维度（如果你认为还有家庭与邻里之间关系，亲戚之间关系等可能会影响到你的家庭关系的内容，都可以写下进行补

充）：____

____

____

进行完这个整体描述评估后，我们可以对自己的家庭关系整体状态有一个相对比较清晰的整体认识，能够较好地补充前面进行的家庭亲密关系小测验的不足，为我们进一步完善家庭关系，和家人成为朋友打下基础。

三、与家人成为朋友

与家人成为朋友，既是我们建立和谐人际关系的一部分，也是我们建立自信、克服人际关系障碍的保障。

（一）与父母成为朋友

如果说家庭是我们的第一所人际关系学校的话，那么父母就是我们的第一任人际关系老师，也可以说是决定我们一生命运的老师。我们可以没有兄弟姐妹，没有妻子或丈夫，没有孩子，也可以没有朋友，但不可能没有父母，这是生命生产形式决定的一种自然关系（这里暂且排除无性生殖可能），这是我们没有选择的最基础的家庭关系。父母的教育方式、父母之间的关系、父母的性格特征都影响着甚至决定着我们的性格特征，进而影响着我们的为人处世方式，从而影响、决定我们一生的命运。

根据许多家庭心理治疗的理念，在整个家庭系统中父母与我们的关系处于一个核心地位，可以说，在我们的所有人际关系中，我们与父母的关系也处于核心地位，只有我们与父母的关系处理好了，其他人际关系才能得到改善。大量的人际关系障碍案例证实，与父母关系不好的人，他的其他人际关系也往往非常糟糕，因此，我们的人际关系障碍往往可以被追溯到与父母的关系。

我们究竟如何处理与父母的关系呢？答案就是与父母成为朋友。

前面我们谈到了朋友关系是在平等、真诚、互相尊重基础上的一种平等的爱，面对父母，我们需要强调的更多的应该是尊重，这里可以转换成尊敬、孝敬。

这里的孝敬并不是“孝顺”。在封建宗法社会中，人们往往将“孝”和“顺”混在一起，将二者等同。然而对于现代社会家庭关系而言，我们与父母的关系，需要的不是“顺”，而是“孝”。这个“孝”也是一种在平等、真诚、互相尊重基础上的爱。实际上，大多父母并不需要我们总是按照他们的意志行事，而是要我们真心地尊重他们，平等地看待他们。

（二）与丈夫（妻子）成为朋友

对于一个核心家庭而言，夫妻关系是所有家庭关系的中心，夫妻关系也是所有核心家庭关系中维持时间最长、分量最重的一种关系。对于一般家庭来讲，与父母、孩子之间直接家庭关系一般都在20~30年，而夫妻关系要维持的时间更长，夫妻关系往往需要维持50~60年乃至终生，因此，不言而喻这种关系对我们最重要。丈夫（妻子）虽然不像父母那样直接决定我们的命运，但也将影响我们的人生。

一项心理学研究发现，妻子的容颜，与丈夫的性格和他对妻子的态度紧密相关。心胸宽广，不轻易发脾气的丈夫能够包容迁就妻子，使妻子享受充分的自由。有这样的丈夫，妻子会皮肤光滑细腻，不容易长暗疮和色斑，也不容易衰老，常常容光焕发。

夫妻之间的关系往往比较复杂，因为夫妻关系是夹杂着亲情、爱情的多重关系，并且，夫妻之间相互影响非常深，可以说是一种从身体到情感的相互融合、渗透关系。维护夫妻关系，更需要以平等、真诚、互相尊重为基础的爱，同样需要建立一种朋友关系，并且需要彼此承担相应的责任。责任或者担当是夫妻之间的另一个重要法门，因为对于夫妻而言，不再仅仅是爱情阶段，而是进入了婚姻阶段，组建了家庭，如果缺乏责任感，还停留在恋爱阶段，那么这样的婚姻注定要失败。所以，对于夫妻关系而言，只有拥有了爱与责任，才能在相互扶持、互相支持的基础上，共同度过美好的人生。

处理夫妻之间关系的方法非常多，这里不作详细介绍，只给大家谈几个处理夫妻关系的误区，以便大家能够在处理夫妻关系时候借鉴。

1. 相敬如宾误区

相敬如宾，是中国古代形容和谐夫妻关系的经典用语，也往往被我们作为良好夫妻关系的标准。但实际上，相敬如宾并不是最佳的夫妻关系，恰恰是有些磕磕绊绊的夫妻幸福感最强。相敬如宾的夫妻关系，往往缺乏激情，更多的是一种平平淡淡，让人感到压抑。中国有句俗语，“打是亲，骂是爱，”从某种程度上就揭示了这个道理。

2. 男女平等误区

现代人权规定，男女平等，这就造成我们认为夫妻关系必须遵循男女平等原则。实际上，这只是一个原则，如果我们机械地理解原则，套用原则，那就必定是违背规律。对于现代社会而言，主流社会生活中已经不存在男女不平等的问题了，或者说男女平等的观念已经深入到了我们的思想里，不用再进行刻意的追求。而在夫妻关系中，男女之间不管在生理上，还是心理上都有所差异，如果我们一味追求平等原则，就会适得其反，让夫妻关系陷入危机。例如，情况下丈夫可能需要主动地承担家庭的经济重任，而妻子则需要承担更多的家务。实际上，所谓的不平等，就是一种分工的差异，并无所谓公平不公平。即使遇到了不公平，这往往也是夫妻之间付出爱的一种需要。人人有爱的需要，也有付出爱的要求。例如，许多一方患病，而另一方厮守终生的夫妻也是另外一种公平，另一种人生的幸福，当然这里边，也包含了责任。

3. 亲密误区

实际上，对于许多夫妻而言，这是经常犯的一个毛病。所谓亲密误区，就是说夫妻之间经常会认为，彼此不再需要距离，彼此不再需要做那些人际关系的表面文章。许多时候我们认为夫妻之间没有必要分清你我，认为我的就是你的，你的就是我的。

两只困倦的刺猬，由于寒冷而拥在一起，可因为各自身上都长着刺，于是它们分离开了一段距离，但一会儿又冷得受不了，于是又凑到一起。几经折腾，两只刺猬终于找到一个最合适的距离：既能相互获得对方的温暖而又不至于被扎着。

刺猬法则主要是指人际交往中的“心理距离效应”，意思是在人际关系中我们保持一定的距离有利于建立和谐的亲密关系，人与人之间并不是距离越近越好，即要符合“最小空间圈”原则。当然，这里的距离是一个适当的距离，不是彼此绝对你我不分，也不是相敬如宾，让人感觉不到对方内心的激情与温暖。

没有平等，夫妻之间的关系往往成了施舍；没有了真诚，夫妻之间的关系往往成了纯粹社会利益的工具；没有了互相尊重，夫妻之间的关系就成了钩心斗角的畸形竞争。所以，要建立良好的夫妻关系，必须先与丈夫（妻子）成为朋友。

（三）与孩子成为朋友

亲子关系是指父母与子女的关系。这与前面的父母关系相反，前面我们是作为子女和父母的关系，这里是指我们作为父母和子女的关系。由于子女出生以后，要依赖父母的养育，而父母也需要承担教育培养的责任。

在亲子关系的处理过程中，我们仍然需要平等、真诚、互相尊重的爱，需要和子女之间建立一种友谊关系。虽然许多时候，我们需要动用权威的力量来教育孩子，但这种权威应该是威信，而不是强权。在孩子的成长过程中，往往需要的是爱，是一份关怀，而不是说教和管教。与孩子交朋友的过程就是一个与他进行平等、真诚、互相尊重的交往的过程。

平等在亲子关系中至关重要，在孩子的成长过程中，如果我们经常以权威自居，使用喋喋不休的说教和咄咄逼人的斥责，就会让孩子感到厌烦，难以让他们真正接受。如果我们能够使用一种平等对话的方式，往往会让他们有一种被重视、被尊重的感觉，这也增强了他们的自律能力，只有懂得自律的孩子才能够最终走向成功。另外，在平等对话基础上，我们同样可以通过阅历与丰富的知识在孩子那里建立起威信，让孩子能够心悦诚服地服从。

孩子需要平等的人际关系，同样也需要真诚。我们许多时候总是认为，他们是孩子，不懂事，从而忽略了他们，或者使用谎言以及敷衍的态度对待他们的疑问与困惑，这是一种非常错误的做法。例如，家长往往喜欢使用“你还是个小孩，什么都不懂”这种话来搪塞一些孩子对外界的探索，这时，孩子的潜意识中就会留下“我是小孩，什么都不懂”的观念，长此以往，会影响孩子的发展，并且有可能成为孩子自卑的一个根源。

第三节 与职场伙伴成为朋友

职场，是我们获得生存资料，实现社会价值感的所在，它是一个人际关系复杂，人际关系压力非常大的场所，许多人际关系障碍往往与职场有着直接或者间接关联。因此，要克服人际关系障碍，也需要直面职场，与职场伙伴成为朋友。

一、直面职场

【案例】

小张大学毕业两年，已经不算是职场新人，但近来却陷入了新人经常遇见的苦恼之中。

过完春节，小张跳槽进入一家大型私营企业，从事财务工作。在整个财务办公室中只有小张一个男性。由于初来乍到，所以他表现非常积极，也非常勤快，经常帮同事们端茶倒水，整理资料。但几个月过去了，已经完全进入角色的小张，平时工作量也日益加大，他就不再乐意做那些琐碎的办公室工作，也逐渐开始拒绝帮忙。这样一来，小张感觉公司同事对他不再友善，大家似乎都集体对他保持沉默。并且，另外一个部门与他年龄相仿的男上司，由于和他们部门有一定工作关系，所以经常以种种理由找小张帮他做事，并且喜欢当众用领导的口气吩咐，弄得小张非常不自在。

对此，小张感到这个社会可能是“人善被人欺，马善被人骑”，曾想奋起反击，但考虑到还要长期共事，撕破脸对谁都不好，不得不放弃了这个念头。长期的职场压抑让他几乎要崩溃，真想辞职一走了之。

小张的职场遭遇，是一种非常普通的人际困惑。通常我们所工作的职场是我们实现社会价值的场所，但同时职场使我们感到困惑，因为其中往往充满利益纠葛，充满竞争，所以形成了复杂的人际关系，让我们难以应付，身心疲惫，甚至产生了人际关系障碍。职场往往也是一个有着巨大压力的场所。

（一）直面职业倦怠

也许我们在初入职场时，激情四射，可随着岁月的流逝，发现原来的激情与活力已经荡然无存，甚至感觉自己就是一部在公司与家庭之间奔波的机器，除了发工资的几天有点感觉外，其他时间逐渐变得麻木。这就是职业倦怠感。

职业倦怠一般表现为工作缺乏激情，感觉整日在应付差事，同时，人际关系日趋冷淡，甚至宣扬一些负面情绪，消极怠工，并且表现为工作成就感下降。例如，如果一个列车员产生了职业倦怠，那么他就可能会表现出整日有气无力，工作懒散，甚至可能与乘客发生冲突，对同事也经常会说些从事这项工作如何没有意思，自己感觉还不如一个扫大街的之类的话。

造成职业倦怠的原因主要有以下几个：

（1）工作原因：工作压力如果过大，超出我们的承受范围，通常不是匹配的职位；但如果工作压力过小，也不能够匹配。因为压力过大通常是由于我们缺乏必要的专业能力因而不能够胜任工作，而压力过小往往不能够充分发挥我们的积极性，不能让我们获得更多的自我价值感。例如，如果一个博士从事幼儿园教学工作，显然是一种压力过小的不匹配。这两种工作状态都容易产生职业倦怠。

（2）付出与回报：通常情况下，人会“不患寡而患不均”，如果付出与回报不能够匹配，人们通常也很容易造成职业倦怠。这里边包括报酬匹配，责任与权力的匹配和社会回报的匹配。如果一个人付出很多，而回报很少；或者责任很大，资源和权力又都非常有限，让他感到一种无力感的失衡，都容易造成职业倦怠。同样，如果一个人的劳动没有得到社会的认可，也往往会造成职业倦怠。

（3）团队：当一个人能够真正融入一个团队时，他往往可以让自己的身心得到安抚，有一种归属感，从而能够在职位上发挥最大潜能，这就是一种职业匹配的表现。反之，如果一个人没有得到工作团队的认可，将会导致人际关系失调，自我工作效能必然下降，也容易产生职业倦怠。

（4）信念系统：如果一个人所从事的工作与他自身的信念系统相冲突，往往会效率低下，形成职业不匹配现象。

为了对自己的职业倦怠情况进行更好的了解，下面我们可以进行一个职业倦怠感测试。

职业倦怠测验

【指导语】

这是对我们职业倦怠感进行的一个测验。下面有 12 道选择题，请在“经常”、“有时候会”、“从来不会”这三个答案中选择一个，在相应的数字处打钩。如果不能确定，就凭直觉回答，不要思考过长时间。

项　　目	经常	有时候会	从来不会
1. 你是否在工作餐时感觉没食欲，嘴巴发苦，对美食也失去兴趣？	5	3	1
2. 你是否感觉工作负担过重，常常感觉难以承受，或感觉喘不过气来？	5	3	1

续表

项　目	经常	有时候会	从来不会
3. 你是否感觉缺乏工作自主性，往往只是领导让做什么才做什么？	5	3	1
4. 你是否认为自己待遇微薄，付出没有得到应有的回报？	5	3	1
5. 你是否经常在工作时感到困倦疲乏，想睡觉，做什么事都无精打采？	5	3	1
6. 你有没有觉得待遇不公，常常有受委屈的感觉？	5	3	1
7. 你是否以前很上进，现在却一心想着去休假？	5	3	1
8. 你是否觉得工作上常常发生与上级不和的情况？	5	3	1
9. 你是否觉得自己和同事相处不好，有各种各样的隔阂存在？	5	3	1
10. 你是否在工作中碰到一些麻烦事时急躁、易怒，甚至情绪失控？	5	3	1
11. 你是否对别人的指责无能为力、无动于衷或者消极抵抗？	5	3	1
12. 你是否觉得自己的工作不断重复而且单调乏味？	5	3	1

【评分方法】

将表格中选择的相应数字相加即得出总分，分数在12~60之间，分数越高，说明你的职业倦怠程度越高。

【测验结果分析】

12~20分：你没有明显的职业倦怠，工作状态不错。

21~40分：你已经开始出现职业倦怠的前期症状，要警惕，并应尽快加以调节。

41~60分：你对现在的工作几乎失去兴趣和信心，工作状态很不佳，长此以往对个人的身心健康和工作都非常不利，应当引起重视，可以请求心理咨询师给予咨询和帮助。

（二）直面职场压力

> 有一个年轻人参加招聘会找工作。招聘人员看过简历后，用疑惑的眼光看着他，问："简历上明明写着毕业才两年，你怎么会有三年的工作经历?"年轻人答："加班时间算起来也有一年!"

这则笑话实际上并不好笑。现在职场流行着这么一句话："年轻时拿命换钱，年老后拿钱换命。"再看看这几个名字：金利斌、高庆昌、卢立强……他们都是名噪一时的商界精英，但他们的名字又和人类永远不愿面对的一个词——"自杀"联系在了一起，人们在寻求他们离开人世的真相时，几乎异口同声地回答了两个字——"压力"。压力似乎已经渗透到了职场的每一个角落。

职场压力问题实际是一个老生常谈的问题，可能并没有那么危言耸听。我们可能经常会抱怨自己的压力大，但抱怨一下，也就算了，工作还要做，生活还要过。不过，压力并非我们可以忽略的问题，了解自己的压力状况，是我们改善身心健康、克服人际关系障碍的一个重要途径。

如何把握工作中适合的压力程度，更清楚地了解自己所受的压力状态？我们可以用经典的佛克德职业压力（FWP）测试来进行评估。

佛克德职业压力（FWP）测试

【指导语】

下面共有 17 道题，请你根据自己的实际情况进行选择，在选项上面打钩。然后进行评分。

1. 如果 10 年前你就预见自己的工作会像现在一样，你会认为？

   A. 完成了期望　B. 部分完成了期望　C. 没有达到期望

2. 下列哪些是你生活中的普遍特征？（可多选）

   A. 觉得手上工作太多，无法应付

   B. 觉得时间不够用，所以要分秒必争，例如过马路时闯红灯，走路和说话的节奏很快

   C. 觉得没有时间消遣，终日记挂着工作

   D. 遇到挫折时很容易发脾气

   E. 担心别人对自己工作表现的评价

   F. 觉得上司和家人都不欣赏自己

   G. 担心自己的经济状况

   H. 有头痛、胃痛、背痛的毛病，难以治愈

   I. 需要借烟酒、药物、零食等抑制不安的情绪

   J. 需要借助安眠药协助入睡

   K. 与家人、朋友、同事的相处令你发脾气

   L. 与人倾谈时，打断对方的话题

   M. 上床后觉得思潮起伏，牵挂很多事情，难以入睡

   N. 工作太多，不能每件事做到尽善尽美

   O. 当空闲时轻松一下也会觉得内疚

   P. 做事急躁、任性，而事后感到内疚

   Q. 觉得自己不应该享乐

3. 你比以前（或比同一时刻）更乐观吗？

A. 是　　B. 不确定　　C. 否

4. 你喜欢看体育比赛吗?

A. 是　　B. 否

5. 你能在周末睡懒觉而不产生负罪感吗?

A. 是　　B. 否

6. 在合理的职业和个人范围内，你会把想法告诉谁?

A. 你的老板　　B. 你的同事　　C. 你的家庭成员

7. 通常什么人在生活中替你做重要决定?

A. 你自己　　B. 别人

8. 在工作中受到批评时，你通常会怎样?

A. 很伤心　　B. 中度伤心　　C. 轻度伤心

9. 你每天完成工作后对成绩感到满意吗?

A. 经常　　B. 有时　　C. 偶尔

10. 你是否觉得多数时间都没能解决与同事间的冲突?

A. 是　　B. 不确定　　C. 否

11. 你必须完成的工作量是否超过了时间的允许量?

A. 经常　　B. 有时　　C. 偶尔

12. 你对工作给你的要求认识清楚吗?

A. 多数时候　　B. 有时　　C. 几乎没有

13. 你能说自己通常有足够时间处理私事吗?

A. 是　　B. 否

14. 假如你想与别人商量自己的问题，能找到一个有同情心的人吗?

A. 是　　B. 否

15. 你是在实现人生目标的固定轨道上吗?

A. 是　　B. 否

16. 你是否总想着工作?

A. 几乎所有日子　　B. 在某些日子　　C. 几乎从未有

17. 你觉得自己的能力和工作成绩被恰当地评价了吗？

A. 是　　　　B. 不确定

【评分方法】

根据自己的选项，然后对照下面评分表，进行评分，把自己选择的选项分数相加得到总分即为测试分数。

题号	A	B	C
1	0	1	2
2	每选一项得 1 分		
3	0	1	2
4	0	1	
5	0	1	
6	2	1	0
7	0	1	
8	2	1	0
9	0	1	2
10	0	0	1
11	2	1	0
12	0	1	2
13	0	1	
14	0	1	
15	0	1	
16	0	1	2
17	0	1	

【测验结果分析】

11 分以下：压力在你的生活中不是问题。这并非说明你缺少足够的使自己充实和完善的压力，此结果只是用于评价对压力的反应。不过你也需要调整自己的工作频度，避免由于过度松懈引起的反向效应。

11~20 分：对于一个终日忙碌的职业工作者而言，这是一个中等程度的压力，因此，如何合理缓解压力还值得探讨。如果你现在觉得疲倦，那么渐渐习惯这样强度的压力是最好的缓解办法。

21~30 分：您的工作压力显然是个问题，采取解决措施的必要性也显而易见。在这种压力程度下工作的时间越长，解决它就越困难。仔细研究你的职业生活势在必行。你应当开始采取一些行之有效的减压措施，并且需要按时间段评估自己的减压效果。

30 分以上：这个程度上的压力算是一个很严重的问题，必须立即采取措施。你可能正临近适应症候群中的精疲力竭阶段，压力必须缓解。去心理医生处寻求解决是个比较快捷的方法。大多数人进行初期治疗后，工作焦虑的症状都能得到有效缓解。

前面谈到的职业匹配和职业倦怠问题都和职场压力有紧密的关联。当我们无压力或者压力较小时，通常会感觉工作索然无味，缺乏工作激情，从而很容易造成职业匹配度下降，职业倦怠感增加；当压力过大时，我们又会感觉身心俱疲，从而职业匹配度也会下降，职业倦怠感也将增加。因此，在职场中需要我们始终保持适度的压力，这样才能够让我们更加具有能量地工作，更加充分发挥自我潜能。

（三）直面职场人际关系

前文提到过，职场是一个名利场，是一个以利益为导向的活动场所，因此在那里往往充满了纷争。有人曾经这样描写职场：“职场充满了同事间的钩心斗角，上下级的互相猜疑，权力面前的疯狂较量，利益漩涡里的扑朔迷离……”这简直就像金庸笔下险恶的江湖。无论职场是否真的有那么险恶，但有一点我们不能否认，职场的人际关系确实非常复杂，在职场中除了靠专业能力立足外，还需要依靠人际关系来谋得发展。职场的人际关系如何，决定了我们的职业前途。成功，不完全在于你知道什么或做什么，而更多的是在于你的职场人际关系如何。

【案例】

24岁的王萍大学毕业后，满怀憧憬地加入了一家私营企业。王萍的性格比较内向，到了公司话也不多，很少和同事交流谈心，大家对这位刚来不到一个月的同事也没有太深印象。

有一天下午，公司一位重要客户来考察，董事长亲自接待，并召集全体员工开会。当时，通知了除王萍以外的所有员工，不知何故唯独没有通知她，连比她晚来的同事都通知到了。这种被忽视的感觉一下子让内向、敏感的王萍难以接受，眼泪禁不住地流了出来。这时，只有年长的公司会计到她身边安慰了她一下。会后，大家有说有笑，跟什么都没发生似的，但王萍的心里一直难以平复。

那件事情发生后，王萍陷入了深深的痛苦之中，她逐渐对每位同事都产生了敌意，最后不得不辞职，离开了那家公司。

对于这个案例，我们也许不能够给予更多的孰是孰非的评论，但我们可以看出，王萍的遭遇是由于她的内向性格造成的。由于内向性格，导致了与同事之间的沟通障碍，从而最终被团队忽略，使她陷入了人际冲突之中，让她在这家公司的工作就此终结。我们也有理由相信，如果她不能够调整自己的人际沟通模式，不能够建立和谐的人际关系，她还将重复这种遭遇。

职场人际关系决定了职场命运，你的职场人际关系究竟如何呢？

泛泛的谈论职场人际状况往往也比较空洞，这里需要我们对自己的人际关系情况进行一个自我评估。

■ 你经常背后议论他人吗？

“当面不说，背后乱说；开会不说，会后乱说”是许多人在职场中的一个毛病，也是造成职场人际关系紧张的一个重要原因。世上没有不透风的墙，当这些批评指责被对方知道时，即使再中肯的批评建议，也可能被当成“坏话”，因为在我们的观念里，坏话才拿到背后讲。如果我们经常在背后议论他人，往往就成了一个典型的多事者，不会受欢迎。如果背后议论上司，可能会被同事有意无意地“出卖”，传到上司耳朵里；如果上司心胸狭隘，这时，穿小鞋就是难免的了。在上司面前议论其他同事，往往会被认为打小报告，也可能被上司“出卖”，当面质询同事，最终让自己与同事关系僵化。现在检讨一下自己，经常背后议论他人吗？

■ 你经常“事不关己，高高挂起”吗？

这其实就是讲的明哲保身，不愿主动帮助他人的处世态度。这种态度，无论在哪里都将让你失去朋友，因为，没有人愿意和一个自私自利的人交往共事。如果你经常保持这种处世哲学，在职场中，人们将同样地对待你，你将会将逐渐地被孤立。

■ 你喜欢摆老资格吗？

这个问题是对那些老员工而言的。在职场中许多人自恃能力强，资历老，经常摆出一副盛气凌人的样子，似乎在企业中独他为大。然而，高傲的代价就是曲高和寡。如果在职场你喜欢摆老资格，肯定也将失去许多朋友，或许你的朋友只限于老板，或者比你资格更老的同事。

■ 你经常固执己见、知错不改吗？

“固执”本来是一个中性词，固执有时候可以理解为坚持，但如果把它与“错”联系在一起时，就成了一个彻底的贬义词。“自己错了，也已经懂得，又不想改正，自己对自己采取自由主义。”这是对固执的一个生动解读，自我的自由主义是一种蔑视真知的行为，肯定会被他人所排斥。在职场中，如果你经常知错不改，固执己见，往小的讲可能影响自己的成绩，往大的讲可能影响团队的成败，这种人也往往非常难以打交道。

■ 你是“一团和气”吗？

老好人，和事老，如果用个俗语讲，就是和稀泥。这种人表面上对人和气，但缺乏原则，没有立场，这样的人往往让他人没有交往安全感。在职场中这种人难以找到忠诚的朋友，虽然在人际关系中没有“仇人”，但也不会有太多朋友。

■ 你经常意气用事吗？

“意气用事”是一种江湖气息的人际关系的处理方式，江湖中讲究“义”，靠“义”来获得认可，获得朋友，但在职场中却恰恰相反，意气用事可能会让你赢得少数人的认可，但会失去很多朋友。并且也会让上司觉得你办事不够理智，因而不会让你承担更多更重要的任务，你也会失去许多展示才能的机会。

■ 你会受情绪的控制吗？

在职场如果我们经常喜形于色，或者大发雷霆，就非常不利于良好人际关系的建立。职场中倡导的是一种理性文化，如果我们过于情绪化，必然让自己的职场生涯受到影响和制约。当然，这也有一个度的问题，如果我们总是像冷面杀手那样刻板，同样也会让职场伙伴们反感。在职场讲究的是我们能掌控情绪，而不是让情绪掌控我们。

■ 你经常向别人妥协吗？

妥协对于职场中的人来讲可能是一种以退为进的策略，但如果经常妥协就可能是一种人格弱点。一个固执己见，拒绝别人的人会招致大家的排斥；而一个只会向别人妥协的人同样也不会被人接受，而且妥协往往还会被认为是能力低、不堪大任。因此在工作中要注意坚持一定原则，避免卷入诸如危害公司利益、拉帮结伙、损害他人等事件中去。遇到这样的情况要注意保持中立，避免被人利用。

二、职场中与工作伙伴成为朋友

我们一直在强调职场是一个以利益为导向的工作圈子，但这并不意味着我们就应该唯利是图，斤斤计较。职场同样需要爱，需要一种建立在平等、真诚、互相尊重基础上的友爱。在职场中要想建立和谐的人际关系，不能够仅仅把利益、竞争作为处理人际关系的基本立足点，而是要以平等、真诚、互相尊重为基础，建立一种朋友关系，只有这样，我们的职场生活才能够更加有生命力，我们在职场中才能够像在家庭一样体会到生命的温情和关爱。

（一）和上司成为朋友

和上司交朋友，这似乎是一件让中国人为难的事情，因为和上司成为朋友往往会被认为是溜须拍马，意味着巴结上司，所以，我们往往会和上司之间保持一定距离，让彼此都比较安全、舒适。这里所讲的与上司成为朋友，是指在职场中，我们需要与上司建立一种平等、真诚、互相尊重的关系，让彼此之间传递友爱和温情，而不仅仅是命令和服从、支配与被支配的关系。实际上，看似高高在上的上司，往往也需要我们平等、真诚、互相尊重的交往，因为工作有分工，但人与人之间的关系没有分工。并且，上司也是人，他们同样需要人际交往、交流。

我们在与上司交往的过程中首先应该克服的是恐惧心理。在与上司交往时，总担心自己做不好，可能会被上司斥责，或者总是担心他人说三道四，说自己巴结上级领导，这些与上司的人际交往障碍是我们应该克服的东西。

【案例】

25岁的小董两年前大学毕业，经过招考进入一家事业单位。他非常珍惜这份工作，平时经常加班加点，尽量圆满完成工作任务，两年来几乎没有出过什么大差错。按理说他应该得到奖励和提拔，但令小董感到困惑的是一直没有得到提拔和重用。原因在于他的努力一直没有得到单位主任的认可。

小董的主任是一个转业军人，平时不苟言笑，是个很严厉的人。从小性格内向的小董，一直对他有些畏惧，很少与之打交道，甚至路上看到主任也尽量避开。主任似乎对他也格外严苛，每次都对他的工作吹毛求疵。

虽然小董到这家单位已经两年了，可是主任却对他没有什么深刻印象，在主任看来，小董是个表现一般的员工，无大功，也无大过。看到小董故意回避自己，主任觉得很不解，也很不舒服，久而久之，主任和小董之间的关系越来越疏远。

小董的职场遭遇明确地告诉我们，职场不仅仅需要技能和努力，还需要与上司之间的良好的人际关系，而人际关系障碍往往首先都是由于自我的人际恐惧导致的。在与上司交往过程中，我们首先需要解决的不是如何掌握人际交往技巧，而是需要克服对上司的人际交往障碍。

首先，克服上司权威的恐惧。在一些单位里，上司和下属交流少，下属碰到上司多少都会产生紧张反应，这是正常的。其实，如果我们能够把自己真正敞开，我们会发现上司并不像我们想象的那样严苛，说不定他们还很幽默风趣。从心理学角度讲，我们对上司的恐惧是由于对权威的恐惧，这种恐惧来源于我们童年时期要求严格的父母，因此，要消除恐惧，必须从自身入手，努力克服权威恐惧，让自己坦然面对上司。例如，我们在一个单独的空间见到让我们感到恐惧的上司，可以尝试主动接近他，看看他有什么反应，自己又有什么反应，是不是和自己想象的一致。我们相信，只要这样做了，你就会改变自己的想法，原来上司也是普通人。

其次，要克服自我完美主义倾向。人们往往担心在上司面前表现不好，被上司斥责。实际上，无论谁都不是完美的，上司自己亦是如此，所以，一般情况下他们也会宽容下属小的失误和错误。上司不宽容的是明知错了，却固执己见，不及时改正者。另外，作为下属，在上司面前的完美主义往往会导致上司对我们的要求愈来愈高，直到有一天，我们无法再满足上司要求为止。所以，我们不需要在上司面前表现得尽善尽美，让上司为我们挑点毛病并非坏事，从心理角度看，适当地给上司挑小毛病的机会，反而能够增加自己在上司那里的分量。

再次，我们需要克服爱面子，怕他人指责自己巴结上司的心态。这种心态在性格十分敏感的人中非常普遍，他们总是担心自己与上司交往，会被其他同事的讥讽，说自己为了升官发财，故意与上司套近乎，拉关系。实际上根据心理投射原理，这种经常讥讽他人的人，往往是一种酸葡萄心态作怪，他们非常想与上司套近乎拉关系，但没有行动的勇气，因此，通过对他人的说三道四，完成自己的这种认同。这个意思就是说，实际上每个在职场奋斗打拼的人，都有着与自己上司建立良好关系的愿望。与上司建立良好关系，并不是阿谀奉承，而是一种正常的自我需求，所以，我们根本没有必要担心。

无论是对权威的恐惧，还是自我完美主义，还是爱面子心态，都是我们与上司交往过程中的退缩的心理来源，我们要与上司建立良好的人际关系，首先需要克服这些心理障碍，只有我们的心理障碍扫清了，我们才能够变得更加自信，才能进一步利用交往技巧，与上司建立良好的关系。

（二）和同事成为朋友

同事是我们的工作伙伴，也是与我们工作中联系最多的人，但也是与我们利益冲突最明显的人，所以，在处理与同事之间的关系的时候，更需要以一种平等、真诚、互相尊重的友爱为基础进行交往，也只有这样我们的同事关系才能够更加有活力，才能够让我们不至于只有竞争，没有合作；只有工作联络，没有情感关联。

在实际工作中，我们与同事的关系，虽然有着合作、协作，但也有着明显的利益冲突，所以，我们可能会认为与同事之间就是赤裸裸的竞争，只有战胜对手，才有成功。一旦陷入这种理念，就可能让我们陷入紧张不安之中，认为所有的同事都是自己的对手。实际上，同事，就是共同做事，并不是利益纠葛体，那些因为评职称、评先进、升职所产生的利益冲突只占我们同事人际关系的很小一部分，我们与同事之间更多的是合作，大家是需要共同努力才能够完成任务的一个群体。所以，我们与同事之间的人际关系障碍，往往是由于我们的不接纳心态造成的。如果我们能够克服敌对心理，从内心接纳同事，就会发现和同事是能够在一种平等、真诚、互相尊重的爱的环境中工作生活的。

（三）和下属成为朋友

下属似乎是我们职场人际关系中最容易处理的一个环节，因为，似乎人际主动权在我们自己手中。真是这样吗？在职场人际关系中根本没有主动权在谁那里的说法，只能够说，在人际关系中，谁能够坦诚地敞开自我，谁能够真正地接纳自我，接纳他人，谁才能掌握主动权，才能够自由驰骋于职场。

在与下属的交往中，我们往往会有一种不自觉的优越感，这种优越感经常会伤害我们与下属的关系，从而让我们在职场人际关系中全面陷入被动。

首先，克服权力欲。在与下属交往时，我们往往认为自己是领导，他们是被领导者，而这种关系，就让我们误认为自己是一切的主导，他们是被主导，从而认为自己完全可以凭借手中权力支配下属。其实，在现代文明社会中，下属是一个独立的个体，并不从属于谁，我们之所以有从属关系，并不是因为他们真的要属于我们，而只是一种分工的差异。权力是让我们协同工作，不是让我们支配他人。

其次，克服自己的优越感。在与下属交往时，我们往往还会有一种优越感。固然，我们有理由享受由社会地位带来的荣耀，但在工作关系中，这个荣耀不能够被带进来，如果我们带着优越感与人交往，往往会让下属对我们退避三舍，敬而远之，这种状态下就不可能建立一种平等、真诚、互相尊重的朋友关系。

第四节　与陌生人成为朋友

在产生人际关系障碍的情境中，可以说绝大多数都来自于与陌生人的交往过程，无论是社交恐惧，还是社交回避，大多都是由于对陌生人的恐惧而产生的社交障碍。如何同陌生人交往，怎么与陌生人成为朋友，是我们克服人际关系障碍的关键所在。

一、走出“不要和陌生人说话”的误区

2009 年 9 月，媒体纷纷报道，汉口火车站随处可见当地公安部门悬挂着的蓝色警示牌，上书一行大字：“请不要搭理陌生人的问话，谨防上当受骗。”

中国传统社会的人际网络通常是靠血缘、亲缘、地缘为纽带连接起来的，因此，传统的中国社会被称为“熟人社会”。在这个社会中，人们习惯在熟人之间进行交往，对陌生人缺乏基本的信任，往往采取一种防备、拒绝的心态。由于这种根深蒂固的传统烙印，导致我们仍对陌生人采取相似的处理方式，即警惕，甚至敌对。我们早晨在公园散步时，如果遇见一个陌生人，往往会面无表情地从他们身边走过，大家也觉得这样非常正常、自然；如果你对对方给予微笑，迎来的可能是一种诧异的目光，接着就是“精神病吧”的猜疑，可能立即避开你。

讲到这里，想起几年前热播的一部电视剧《不要和陌生人说话》。今天，“不要和陌生人说话”似乎成了我们进行自我保护的一种非常流行的处世方式。爸爸妈妈在孩子出门时，会叮嘱孩子“不要和陌生人说话”。父母领着一个不谙世事的孩子散步时，孩子主动要和街上的哥哥姐姐玩耍，父母往往也会制止，因为在父母家长眼

里，陌生人是危险和敌意的代名词。“不要和陌生人说话”成为规避伤害的保护伞。这些让我们进入社会生活之前，内心就产生了一种对陌生人的不信任，甚至恐惧。

其实，我们已经进入一个陌生人时代，我们根本不可能拒绝陌生人。在超市购物，我们需要同陌生的营业员打交道；参加面试，我们需要同陌生的面试官交锋；上台演讲，我们需要面对成百上千的陌生观众。实际上，在现代社会中，当我们已经离不开陌生人的时候，陌生人就已经不再“陌生”，他们已经是我们生活的一部分。按照佛家的因缘论讲，我们能够相识，就是缘分，就已经不再是陌生人。我们身边的亲友，也都是从陌生到熟悉开始的。例如，我们进入大学报到的第一天，会遇见形形色色的新面孔，这些新面孔里边许多人可能就是我们未来的同学，甚至有些人可能成为我们的好哥们或者伴侣。因此，我们需要学会与陌生人打交道，与陌生人成为朋友。

陌生人许多时候是我们身边的宝藏，如果我们善于挖掘，往往会有意外的收获。也许你知道陌生人这个宝藏，但是没有勇气挖掘。的确，挖掘陌生人宝藏需要我们克服心理障碍。

首先，克服对陌生人的恐惧心理。从童年开始我们就被灌输“不要和陌生人说话”的观念，我们深入骨髓的传统熟人文化，是造成我们对陌生人恐惧的心理根源。

恐惧，是我们的心理活动状态，是不愉快的情绪体验。它往往是由于自己无力应对周围不可预料、不可确定的因素产生的一种心理或生理的强烈反应。从人类进化发展角度讲，恐惧是一种有效的自我保护，是人类能够生存下来的基本保障，如果离开了恐惧，我们也许一天也活不下去，出门可能会遭遇车祸，或者可能直接从大楼上一跃而下。从这个角度讲，对陌生人的恐惧实际上也是一种自我保护，陌生人可能会攻击我们，可能随时让我们丧命，所以我们应该警惕陌生人。我们不排除会遭遇到陌生人攻击的情况，但这不是我们拒绝与陌生人交往的理由，这显然是一种因噎废食的做法。

况且，对于脱离了茹毛饮血的时代，生活在现代文明社会中的人来讲，大多数情况下我们对陌生人产生恐惧的理由都是我们自己捏造出来的，真正能够威胁我们生命安全的恐惧源非常少。

其次，克服对陌生人的不信任感。信任是我们对他人的一种认可，是建立在对他人认可的基础上而敢于托付的一种心理状态。信任状态下往往有一定的风险，所以导致了人际交往中比较谨慎，不会轻易信任他人，这实际上也是一种来自本能的自我保护。我们如果没有筛选地对所有人都采取了信任态度，就像我们没有恐惧一样，根本无法生存。但是，也正因为这种原始的自我保护，也经常会让我们陷入信任危机。当我们进行过度自我保护时，当我们对大多陌生人采取一种不信任态度时，我们就会陷入人际关系障碍之中。例如，一个遭受过感情创伤的女人，往往会认为天底下的所有男人没有一个是可靠的，她似乎已经丧失了对男性的基本信任感，并且她们往往会得出“男人都是坏的”的结论。这种结论实际上是一种人性恶的观念，这种人性恶观念也是导致我们不信任陌生人的一个直接原因。

我们对陌生人的不信任，往往也和整个社会的信任危机有关。当下我们的社会中信任危机非常严重，导致了我们似乎不得不拒绝陌生人。例如，当我们还是一个没有受到社会“污染”的学生时，可能会怀着热忱去帮助乞丐以及其他的求助者，而当我们看到关于“乞讨富翁”“求助骗局”的新闻报道，就会产生严重的受骗感，会警惕所有乞讨者和求助者，可能不再愿意帮助他们。我们对陌生人的信任，也就在这种负面的信息中被一点点消磨掉了。

再次，克服羞怯心理。鲁迅《故乡》一文，描述了闰土介绍他的儿子水生时的场景，“拖出躲在背后的孩子来”，“那孩子却害羞，紧紧的只贴在他背后”。羞怯心理是儿童、青少年的一个常见的情绪反应，但相当一部分成年人也有羞怯心理。羞怯通常是一种因为害怕受到他人负面评价，而进行社交回避的一种状态，并且大部分羞怯都是面对陌生人的羞怯。羞怯，像恐惧和不信任感一样，也和自我防御相关，也是一种自我保护。

一般情况下，我们经常认为羞怯和内向性格有很大关系，这些人不善于在大庭广众下自我表露，但内向也不一定都会产生羞怯心理。羞怯的形成，通常与我们的自卑感有关，同时也和过分敏感的性格特质相关，由于自卑或者过分在意他人的看法，会导致自己在与人交往时显得缩头缩尾，表现得不自在。另外，童年所处的环境，所受的教育及已有的挫折经历也会造成羞怯心理产生。例如，一个人曾受到异性的冷遇，以后遇到异性可能就会引发羞怯感。当然，羞怯也像其他情绪一样是一种自然反应，每个人都有羞怯的时候，偶然的羞怯在所难免，但如果在人际交往中经常产生羞怯心理，就不正常了，尤其是对陌生人的羞怯。如果我们对所有陌生人都会产生羞怯感，就是一种异常心理状态。

上述三种面对陌生人的心理障碍，是我们拒绝陌生人的一道无形屏障，我们要想与陌生人成为朋友，首先需要翻越这屏障。那么我们克服这些心理障碍有些什么灵丹妙药呢？其实从这些问题产生的内在原因、形成机制等方面出发，可以有很多克服面对陌生人心理障碍的方法，例如，利用理性分析进行缓解，利用想象、冥想、深呼吸缓解，等等。并且，我们必须去切实地面对陌生人，走出心理阴影，这种方法也就是让我们直接面对陌生人，在恐惧、怀疑或羞怯中磨炼自己。

二、六度分隔理论——没有陌生人的世界

N年前德国一家报纸接受了一项挑战，要帮法兰克福的一位土耳其烤肉店老板，找到他和他最喜欢的影星马龙·白兰度的关联。经过几个月努力，报社员工发现，这两个人只经过不超过六个人的私交，就建立了人脉关系。原来烤肉店老板是伊拉克移民，有个朋友住在加州，刚好这个朋友的同事，是电影《这个

男人有点色》的制作人的女儿在女生联谊会的结拜姐妹的男朋友，而马龙·白兰度主演了这部片子。

这就是著名的“六度分隔理论”，也叫“小世界原理”。这个理论认为：在这个世界上任何两个陌生人之间所间隔的人不会超过六个，也就是说，我们最多通过六个人就可以认识任何一个陌生人。1967年，哈佛大学心理学教授米尔格兰姆做过一次连锁信试验，也得出这一结论。进入信息化时代后，这一理论更是在现实生活中一次次被验证，如果我们想找到一个人，只要通过微博或者其他聊天工具，消息就会很快传播。在信息化网络化的现代商业社会中，我们无时无刻不在与陌生人打交道，可能我们随时随地需要拜见新的陌生客户，我们走进商场可能面对陌生的营业员，我们发布的一条帖子，我们的博客、微博可能被成千上万的人光顾过，他们都是陌生人，但又都不是陌生人。真正的陌生人是不存在的，每个陌生人都可能是我们的朋友。从这个意义上讲，所谓的陌生，只是一种暂时的陌生。只要我们有足够的能力来识别和应对陌生人，那么我们就可以获得庞大的人脉资源，进而可以获得更多机遇。

三、大爱，推倒人际关系障碍的终极法宝

根据六度分隔理论，既然我们的世界没有绝对的陌生人，那么我们就要用心经营与所有人的关系，在与所有人相处的过程中就需要我们有一种大爱精神在里边。这种所谓的大爱精神就是一种广泛的爱，我们爱自己，爱亲人、熟人，也要爱陌生人，爱所有人。大爱不是空泛的爱，而是一种在现实生活中对自己和他人的接纳、包容。我们拥有了这种大爱，实际上也就拥有了克服人际关系障碍的尚方宝剑。

现代社会是一个“陌生人社会”，一方面表明了我们需要与更多的陌生人打交道，但另一方面则表明了我们的人际关系变得越来越疏远、陌生。我们经常只注重与我们眼前现实利益相关的人际关系，而

忽略了一份传递人间大爱的人际关系。走入小区，我们可能说不出几个人的名字；走进公园，我们可能不会理会一个坐在长凳上茕茕孑立、形影相吊的孤单老人。我们忽略了他们，我们忽略了人间除了利益交往，还要有大爱。

正是因为我们内在以及周围缺乏这种大爱，才让我们的人际关系中产生了屏障。任何的人际关系障碍，实际上都是人与人之间爱的阻隔。我们面对陌生人感到恐惧紧张，是因为我们没有，或也不敢把他们当做友善的、充满爱的人。缺乏爱，是产生恐惧的根源，是我们无法接纳自己和他人的原因。但非常遗憾，我们很少意识到这一点，因为我们从小就缺乏一种大爱的教育。从小我们的父母和老师，包括我们的社会很少传播与大爱相关的信息，他们给我们的往往只有“不要和陌生人说话”这类充斥着负面能量的信息。在这种环境中，我们充满了恐惧不安，世界也随之变得更加恐惧不安。

一个在越南打仗的士兵，有一天打电话给他的父母，告诉父母他快要退伍，可以回家了，父母当然非常高兴，在电话中表示希望他越快回家越好。士兵告诉父母，他有一个战友也要和他一起回家，父母当然表示欢迎。士兵告诉父母，这位战友在战争中失掉了一条腿和一只手臂，而且说这位战友要和他们一起住。士兵的父亲一听就告诉孩子，这绝不可以。父亲说，只剩下一条腿和一只手臂的人，将造成家人的沉重负担。他不欢迎这种残疾的人和他们长住，他建议这位残疾的战友自己设法解决自己的生活问题。士兵听了这些话以后就挂了电话。几天后，警察通知父母，他们的孩子自杀了。父母去认尸，令他们大为震惊的是：他们的孩子只剩下一条腿和一只手臂。

父母不能够接纳身体残缺不全的陌生人，对于孩子来说，就是不能够接纳自己，所以孩子在绝望中选择结束自己的生命。现实生活中我们会面对很多“残缺不全”的陌生人，如果我们总是对他们挑三拣四，不能够接纳他们，那么我们最终就无法接纳自己。一个无法做到接纳自己的人，将会整日处在抱怨与不安之中，这种抱怨和不安又反过来让我们的人际关系陷入紧张状态。

大爱是让我们能够变得平静坦然的一种境界，如果我们不能够拥有这种大爱，我们就不能够拥有真正的亲密关系，也无法享受生命的平静坦然。

如何拥有大爱呢？只要我们以平等、真诚、互相尊重的友爱去对待每一个人，和他们成为朋友，我们就会拥有大爱。我们拥有了大爱，也就能找回我们所有被恐惧不安抢走的朋友。

参考书目

[1]刘大桂，魏卓．大学生绘画心理分析与诊断．武汉：湖北科学技术出版社，2010.
[2]丁成标．催眠与心理治疗．武汉：武汉大学出版社，2005.
[3]严瑜．心理测量与人才评鉴．北京：人民出版社，2008.
[4]戴晓阳．常用心理评估量表手册．北京：人民军医出版社，2010.
[5]王晓霞．现实与虚拟社会：人际关系的文化探究．北京：中国社会科学出版社，2010.
[6]楚风．性格与人际关系．北京：中国纺织出版社，2011.
[7]安德鲁·杜布林．心理学与人际关系(第8版)．北京：中国人民大学出版社，2011.
[8]刘振中．人际高手的50个心理工具．北京：电子工业出版社，2008.
[9]晓鹏．心理操作术：人际关系中的心理策略．天津：天津科学技术出版社，2012.
[10]肯·艾索尔德．行为背后的动机．北京：中国人民大学出版社，2011.
[11]乔纳森·布朗．自我．北京：人民邮电出版社，2004.

[12]海伦·帕尔默. 九型人格. 北京：华夏出版社，2006.

[13]施旺红. 战胜自己——顺其自然的森田疗法. 西安：第四军医大学出版社，2004.

[14]约翰·贝曼. 萨提亚冥想：内在和谐、人际和睦与世界和平. 北京：中国轻工业出版社，2009.

[15]金顺子. 做自己的心理咨询师. 北京：中国纺织出版社，2010.

[16]卡巴金. 正念. 海南：海南出版社，2009.

[17]奚华. 一生中必须宽容的9种人. 北京：中国商业出版社，2005.

[18]袁岳. 深度访谈：如何结交陌生人. 北京：机械工业出版社，2006.

[19]戴维·迈尔斯. 社会心理学. 北京：人民邮电出版社，2006.

[20]Hargie, Owen. Skilled Interpersonal Communication: Research, Theory and Practice. New York: Routledge Press, 2009.

[21]Horowitz, Leonard M.. Handbook of Interpersonal Psychology: Theory, Research, Assessment and Thorapeutic Interventions. New York: John Wiley & Sons Press. 2010.

[22]Hudson, Jennifer L.. Psychopathology and the Family. Elsevier Science & Technology, 2010.

[23]Argyle, Michael. The Psychology of Interpersonal Behaviour. Longdon: Penguin Books Ltd., 1994.

[24]Regan, Pamela. The Psychology of Interpersonal Relationships. Pearson Custom Publishing, 2004.